学校品牌文库

主编：李季

# 共生哲学读本

## GONGSHENG ZHEXUE DUBEN

主　编◎任卫兵

副主编◎李少芬　彭志东

编　委◎徐活辉　吕崇盛　许新承　黄翠玲　毕永新
　　　　张妍瑜　李惠燕　李　杨　陈文婕

顾　问◎李季

暨南大学出版社
JINAN UNIVERSITY PRESS

中国·广州

## 图书在版编目（CIP）数据

共生哲学读本/任卫兵主编；李少芬，彭志东副主编 . —广州：暨南大学出版社，2016.7
（学校品牌文库）
ISBN 978 - 7 - 5668 - 1849 - 2

Ⅰ. ①共…　Ⅱ. ①任…②李…③彭…　Ⅲ. ①素质教育—中学—课外读物
Ⅳ. ①G631

中国版本图书馆 CIP 数据核字（2016）第 102678 号

## 共生哲学读本
GONGSHENG ZHEXUE DUBEN
主　编：任卫兵　　副主编：李少芬　彭志东

出 版 人：徐义雄
责任编辑：苏彩桃　梁嘉韵
责任校对：李林达
责任印制：汤慧君　王雅琪

出版发行：暨南大学出版社（510630）
电　　话：总编室（8620）85221601
　　　　　营销部（8620）85225284　85228291　85228292（邮购）
传　　真：（8620）85221583（办公室）　85223774（营销部）
邮　　编：510630
网　　址：http：//www.jnupress.com　http：//press.jnu.edu.cn
排　　版：广州市天河星辰文化发展部照排中心
印　　刷：湛江日报社印刷厂
开　　本：787mm×960mm　1/16
印　　张：11
字　　数：200 千
版　　次：2016 年 7 月第 1 版
印　　次：2016 年 7 月第 1 次
定　　价：29.80 元

# 编委会

# 总 序

　　学校特色发展是学校改进的"共生点"。与标准化、模式化的等级学校评估标准不同，学校特色发展是一种适合各种类型、各种性质、各种水平学校改进自身的共同发展方式。不同特点、不同层次的学校都可以从特色发展中找到适合自己的发展之路。特色发展，可以助不甘后人的学校跃上台阶，可以令曾经辉煌的学校再创佳绩，可以使徘徊不前的学校突破瓶颈，可以让排位居后的弱校绝处逢生，可以促家喻户晓的名校更上一层楼。学校品牌工作室自 2006 年建立至 2016 年，10 年来，先后为广东、广西、湖南、湖北、江西、江苏、浙江、云南、四川、山东、黑龙江、重庆、北京等十多个省市 300 多所中小学、幼儿园进行特色发展诊断、设计、规划与实施指导。经历这一过程后，大部分学校都已经成为所在省市或全国特色品牌学校。

　　德育创新是学校特色发展的"生长点"。结合德育课题研究与实验，指导学校从德育课题研究中寻找学校改进的方向，从学校传统特色中发现学校特色发展的主题，从学校的优势资源中提炼出学校创新发展的核心主题，形成一批以德育创新为"第二曲线发展"推动学校改进的特色品牌学校。以广东为例，诸如广州小北路小学的"阳光德育"、康有为纪念小学的"有为教育"、骏威小学的"童梦教育"、文昌小学的"文道教育"、冠华小学的"恒远教育"、大石小学的"相容教育"、新桥小学的"行本教育"、耀华小学的"玉品教育"、华景小学的"向往教育"、鸿图苑小学的"正品教育"，培新中学的"共生教育"、金华中学的"团队教育"、增城实验中学的"和雅教育"、广东实验中学的"导构德育"；广东中山市体育路学校的"德美教育"、西厂小学的"活力教育"、林东小学的"叙事德育"；佛山市里水中心小学的"内生教育"、九江中学的"点亮教育"、顺德一中的"高雅教育"、陈村职业技术学校的"精细德育"、顺峰中学的"和美教育"；东莞市松山湖实验小学的"无痕教育"；潮州市城南小学的"阳光教育"；惠州市惠东一中的"秀美教育"等。近年来，这些学校先后成为特色品牌学校，获得"德育创新奖"

"德育示范学校"和"全国德育实验学校"的称号。实践证明，德育创新是促进学校特色发展的有效途径。

从资源诊断到模式构建，从核心理念形成到学校精神树立是学校特色品牌创建的必由之路。什么是学校特色发展？学校如何从特色演进为品牌？我们可以把学校特色理解为一种独特的风格、影响力与发展力。它具有"人无我有"的原创性与独特性、"人有我优"的领先性与优质性，以及"人优我变"的发展性与持续性。然而，学校特色不仅在于它的独特个性，还在于它要有自己的核心理念，要形成最适合自己的模式体系和校本文化特质，更为重要的是，学校特色品牌必须是学校的精神追求与价值取向的集中体现，唤醒、凝聚、形成学校积极进取和不断向上的精神。换言之，学校精神的树立才是学校特色品牌发展的本质内涵和核心任务。学校特色品牌构建是一个历程。特色资源诊断、核心理念提炼、模式体系构建、特色课程建设、学校文化营造和学校精神树立是从特色到品牌之路的六个基本步骤。经历这"六部曲"，学校才能实现从特色项目到学校特色，从学校特色到特色学校的持续发展。

学校特色品牌创建的实质和意义是什么呢？我们以为，它就是：

确立一个愿景，明确学校发展目标；

树立一种精神，凝聚师生价值追求；

建立一种信念，唤醒心中育人情怀；

设立一个支点，激发师生团队智慧；

经历一个过程，促进教师专业成长。

换句话说，也就是帮助和引导学校寻找和发现最适合自己的发展之路，让更多的学校找到从特色到品牌发展的阶梯，从而成就更多的学校、校长、教师、班主任的品牌理想。这就是"学校品牌工作室"的使命，也是"学校品牌文库"的愿景。我们将为此而不断努力，上下求索。我们理想中的学校品牌文库，不仅是特色学校、品牌学校、学校特色项目、名校长、名教师和名班主任的汇集，更是让每一类学校通过"第二曲线发展"而改进自己、成就自我的平台。这既是我们的愿景，也是与学校共同发展的一种共勉。谨以此为序。

李 季

2016 年 1 月 21 日

# 目录

# 第一课
# 生命智慧——共生之美

**引言** 主题与经典

"天地与我并生，而万物与我为一。"

——庄子《齐物论》

"共生"一词源于生物学。自然界的生物，特别是微生物，很少单独生存。它们与周围的其他生物都有一定的联系。生物学上共生的形态多种多样，不拘一格。它存在于各层次、各种类生物的互动之中。

共生原理普遍存在于自然、社会乃至整个宇宙之中。共生之理是一种哲理。

共生之美是一种和合之美、和谐之美，是至美、大美。

# 第一节 生态之美

## 一、蓬勃的生命力

白蚁是社会性昆虫，它们群体的成员少则千百个，多的可达上百万，成员间分工严密，各司其职。如果仔细观察白蚁的生活，就会发现一个有趣的现象，那就是新孵出的白蚁都会本能地舐吮其他白蚁的肛门。这是为什么呢？

原来，白蚁是以木材为食物的，但它们却不能消化木材纤维，而是由寄生在它们肠内的一种叫做披发虫的鞭毛虫来帮助消化的。披发虫能分泌一种消化木材纤维素的消化酶。白蚁的肠内如果没有这种鞭毛虫，即使吃了很多木材纤维素，由于不能消化，也终将被活活饿死。而对于披发虫来说，躲在白蚁的肠内，也实在是最安全不过了。另外，白蚁肠内还有丰富的纤维素供它们分解利用，所以白蚁和披发虫谁也离不开谁。

白蚁每次蜕换肠内上皮时，披发虫就形成囊孢，而新孵出的白蚁肠内是没有披发虫的，只有通过舐吮其他白蚁的肛门，才能吞食披发虫的囊孢而获得所需要的披发虫。因此，白蚁必须群体生活，否则将会因得不到披发虫而死亡。

科学家做过这样一个实验，用40℃高温处理白蚁，白蚁虽安然无恙，但体内的披发虫却被清除殆尽。白蚁仍然活着并且继续啃咬木头，但由于白蚁本身失去了消化酶的来源，所以不久以后也就"饿死"了。

白蚁和披发虫相依为命，这种关系称为"共生"。

## 二、相得益彰

地球上的物种在漫长的进化过程中，造就了一对最让人叹为观止的亲密伙伴——榕树和榕小蜂。榕小蜂专一地为其对应的榕树进行传粉，榕树则为榕小蜂提供繁衍和栖息的场所。这种协同关系已延续了几千万年，从而演绎了一段树虫之间的千古奇缘。

榕属植物无花果是人类最早栽培的果树树种之一，已有近5 000年的栽培历史。无花果因看似无花而得名。那么，"无花果"真的是"无花而实"吗？植物学家告诉我们，无花果不仅有花，而且有许多花，它们都隐藏在"肉球"里面。在植物学上，把花朵隐藏在囊状花托里面的现象叫做"隐头花序"。

榕树由于其独具的隐头花序使得一般的蜜蜂都难以完成复杂的传粉使命，就是无处不在的风力传粉也对榕树束手无策。那么，榕树繁衍靠谁来充当传粉使者呢？

大自然的安排往往是最奇妙的。在漫长的进化过程中，榕树和传粉榕小蜂成了亲密伙伴。榕小蜂是榕树唯一的传粉昆虫，榕树必须依靠只有2~3毫米大小的榕小蜂通过顶生苞片进入果腔传粉才能获得繁殖，使其物种得以延续。

实际上，榕小蜂在为榕树传粉的同时，也得到了繁殖后代的便利。这些特殊的榕小蜂一生的绝大多数时间都停留在榕树的隐头花序之内，并在其中繁衍后代。如果没有榕树提供的生存空间、育儿场所以及营养物质，榕小蜂也就不能生存和繁衍。

榕树与其传粉榕小蜂在繁殖上互相依赖，这种互惠共生的关系早在白垩纪时期就已建立，长期协同进化至今，已发展到高度专一、互不可缺的阶段，被认为是动植物界协同进化历史最悠久、关系最密切的共生伙伴。

## 三、生生不息

在如皋市华日有机稻米园区，一个个攒动的"黑点""灰点"点缀在绿色的田野间，仿佛一个个小小的蝌蚪漫游在绿色的海洋里，无比生动、灵活。这些鲜活的小点点正是园区放养的有机鸭。

园区主要生产有机稻米，基地规模500亩，园区采用稻鸭鱼共生模式构建生物链。由于稻田的主要害虫均为水生，鸭和鱼在水中的觅食活动能解决90%以上的虫害，鸭子在田里活动还起到了搅浑田水，使中耕松土，促进根蘖生产发育的作用。另外，稻鸭鱼模式也不使用除草剂，清除杂草靠鸭鱼啄食或鸭子踩踏为主，一般也不施追肥，以鸭的排泄物和部分鸭啄食踩踏过的绿萍小草为主。

园区采用太阳能诱虫灯对成虫进行诱杀。太阳能诱虫灯白天将太阳能转化为电能储蓄在蓄电池中，夜间在设定的时间自动开启，诱杀成虫，是一种无污染无能耗的绿色杀虫手段，被诱杀的成虫还能成为鸭鱼的高品质绿色食物来源。

科学利用稻鸭鱼共生模式构建有机稻米生物链可以达到不使用化肥、农药、除草剂就能生产大量无公害、绿色、有机农畜产品的效果。这既满足了人们对生态食品的要求，又较好地保持了农业生物及其环境和食物链之间的生态平衡，有力促进了农业的可持续发展，社会效益和生态效益都十分显著。

**启示** 感悟与讨论

1. 你如何理解共生？
2. 共生有何特点？
3. 试举一例你所知道的共生现象。
4. 当代人类面临的生态失衡、环境污染等生存困境和危机的根源何在？人类怎样才能摆脱危机走向光明的未来？请说说你的看法。

## 第二节　相生之美

### 一、古老哲学

五行：一曰水，二曰火，三曰木，四曰金，五曰土。水曰润下，火曰炎上，木曰曲直，金曰从革，土爰稼穑。润下作咸，炎上作苦，曲直作酸，从革做辛，稼穑做甘。

——《尚书·洪范》

《尚书·洪范》是目前已知的最早系统记载五行的典籍。周武王打败殷时，俘虏了殷臣箕子，箕子作《洪范》。箕子说"天乃锡禹洪范九畴"，这"洪范九畴"，首列五行，并指出了五行的顺序和各自的特性以及味道。

五行，一是水，二是火，三是木，四是金，五是土。水的自然常性是滋

润万物而行下，火的常性是炎热旺盛而上升，木可弯曲变直，金可熔化变形，土可耕种收获。滋润下物产生水卤有咸味，火光上升烧焦物体有苦味，木成曲直有酸味，金熔化变形有辣味，土地种收百谷有甜味。

五行学说认为宇宙间的一切事物（包括人在内）都是由木火土金水五种物质的运动与变化构成的。"五"是指木火土金水这五种生活中不可缺少的物质，"行"是指运动变化。古人把这五种物质的属性加以抽象推演，用来说明整个物质世界，并认为这五种物质不仅具有相互孳生、相互制约的关系，而且是不断地运动与变化的。五行的不断运动和相互作用是宇宙生灭变化的规律和原因。在宇宙这个大系统中，无物不具五行属性。因此，五行图貌似简单，但天地万物皆蕴含其中。五行学说具有光辉的哲学思想，是中国传统文化中重要的部分。

## 二、共生共荣

五行学说认为世界上的一切事物，都是由木、火、土、金、水五种基本物质之间的运动变化而生成的。同时，它还以五行之间的相生、相克关系来阐释事物之间的相互联系，认为任何事物都不是孤立、静止的，而是在不断的相生、相克的运动之中维持着协调平衡。这就是五行学说的基本含义。

相生，即相互促进、相互孳生的关系。五行相生：木生火，火生土，土生金，金生水，水生木。五行中讲求"相生相克"关系，这就是流动的模式关系，一是相生关系：水生木，木生火，火生土，土生金，金生水；二是相克关系：水克火，火克金，金克木，木克土，土克水。五行图表达了这种流动的动力学关系模式（圆形循环）：

相生关系 ——→　　相克关系----▶

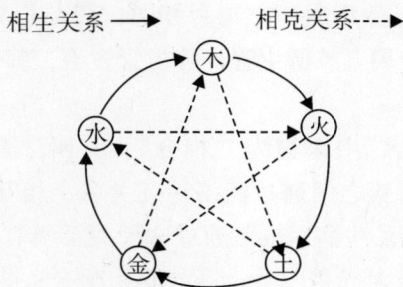

五行图

我们可以这样简单的理解：

木生火：钻木取火，燃木而生火，所以，木生火。

火生土：木燃烧而成火，木经燃烧而成灰烬，灰归尘土，所以，火生土。

土生金：金蕴藏在泥土砂石中，经冶炼后提取金属，所以，土生金。

金生水：用金属工具挖土，可取水，或成水渠，金经煅烧可溶成水态，所以，金生水。

水生木：树木得水的灌溉滋润而生长，欣欣向荣，无水则木枯，所以，水生木。

顺着循环来，五行便会互相生发，即"五行相生"，如木生火、火生土……若逆着循环走，五行便会互相克制，如木克土、土克水……古人用阴阳与五行这种相生相克的关系，来阐释一切事物之间的相互联系，即自然界阴阳相互作用，产生五行；五行相互作用，则产生万事万物的无穷变化。

## 三、唇亡齿寒

中学生宁志最近视力急剧下降、面红耳赤、烦躁不宁、指甲脆弱、面色腊黄。前去中医院就诊，医生诊断为肝郁气滞，需要护肝养肝。

为什么宁志原想去治疗眼睛，却病在肝部呢？中医认为，肝的生理功能是主疏泄，主藏血，能调畅全身气机，肝与美容，肝与七情、月经、指（趾）甲、眼睛、筋脉等有密切关系。若肝脏有病、失去藏血功能，就会出现面部皮肤呈黄色，没有光泽。当肝脏疏泄情志功能失常，就会引起急躁易怒或恐惧胆怯，表现在面部，皮肤就会呈现黄色。

人体内有五脏、六腑，是人体的核心脏器，主宰着人体的生命活动。人有五官，耳、眼、鼻、舌、口，内通五脏，分别属于五脏的外窍。肾与耳相通，肝与目相通，肺与鼻相通，心与舌相通，脾与口相通。人的躯体有皮、肉、脉、筋、骨，也分属五脏所主管，肺主管皮毛，脾主管肌肉，心主管脉，肝主管筋，肾主管骨。

五脏与六腑相配合，中医称为"相合"，又叫"互为表里"，脏为阴属里，腑为阳属表。脏与腑之间通过经络相互关联，相互影响，相互配合，保持脏腑气血阴阳的平衡。生病后也可通过这种关系调节脏腑气血阴阳的平衡。心与小肠相配合；肺与大肠相配合；肝与胆相配合；脾与胃相配合；肾与膀胱相配合。这样以五脏为核心，配合六腑，主管五体，开窍五官，相互联系，内外沟通，形成了人的生命整体现象。例如：当患眼病时，可以根据肝脏通于目的关系，在治疗上选用治肝脏的药物；当患鼻病时，可以根据肺脏通于鼻的关系，在治疗上可选用入肺经的药物。又如：肺主管皮毛，当皮肤有病时，可以从肺上治；肾主管骨，当骨有病时，可以从肾上治。

内脏之间的相互关系构成了人体活动的整体性，使得各种生理功能更为和谐协调，这对于维持人体生命活动，保持健康有重要意义。

**启示** 感悟与讨论

1. 请结合实际，谈谈你对相生的感悟。
2. 大自然的四季轮回，你能用五行相生来说明一下吗？
2. 如果你的脸上有很多粉刺或痤疮，按中医理论，是什么原因？

## 第三节　共荣之美①

广东温氏集团作为广东省最大和全国重点扶持的"十大农业龙头企业"之一，获得了"广东省级高新技术企业"称号，其在运作过程中最与众不同的地方就是做到了"把对方的利益当作自己的利益"。

温氏集团在与员工、消费者、社会的共存共荣中求发展。员工对于温氏集团来说是一个扩大了的概念，包括内部职工、合作养殖户、客户、股东。温氏集团通过利益共享，实现与员工的共存共荣；通过严把安全质量关，实现与消费者的共存共荣；通过积极承担企业公民的社会责任，实现与社会的共存共荣。

### 一、温氏集团与员工的共存共荣

#### （一）内部职工

对于内部职工，温氏集团主要采取三种方式：其一，全民股份制。温氏集团在成立之初就建立了全员股份理念，从而形成"人人是员工，人人是股东"的经营模式，调动职工的积极性，增强了企业发展的凝聚力。其二，终

---

① 杨征、田婉琳：《包容中共存共荣：农业龙头企业温氏集团的成功之道》，《老区建设》2012年第12期，有删节。

身雇佣。新《劳动合同法》正式实施前后的一段时间，国内一些企业曾因此出现骚动不安，但温氏集团却平静如水。原来，温氏集团早就实行终身雇佣制，即一个职工进了温氏，除非自己辞职不干，否则只要不犯严重错误，就可以干一辈子，这是最大的职工权益保障。其三，优先考虑职工利益。温氏集团的职工工资标准高于当地职工平均工资水平，温氏职工受到公平、公正的对待，享受同等的水电煤气、伙食补助、医疗保险、社保、休假、旅游等福利待遇。干部职工在温氏集团深切体会到归属感、安全感和幸福感。

（二）合作养殖户

养殖户是温氏集团的基础，温氏集团在进行利益分配时首先考虑养殖户利益，确保养殖户有稳定合理的收入。在正常年景，集团与养殖户获利大致相等，如果出现重大疫情发生严重损失时，集团将会承担全部损失，不获利也要保证养殖户赚钱。温氏集团还实行二次分配，即年终结算时，如果集团赚钱多了，就把多赚的钱退给养殖户，如按每只鸡返还 1 毛或 2 毛钱等。

2004 年初，中国爆发了大规模禽流感疫情，整个家禽养殖行业遭受了巨大的冲击，将鸡类养殖作为经营核心的温氏集团也不可避免遭遇到了前所未有的危机。面对危机，温氏集团主动地将疫情造成的风险承担下来，以高出农户成本价的价格继续向农户采购成品鸡，在整个疫情期间以 2.2 亿元巨额损失的代价保障了农户的利益。当然，有付出就会有回报，昂贵的代价取得了农户的信任，也换来了农户与公司之间如磐石般牢不可破的紧密合作关系。疫情过后，市场回暖，在合作养殖户的配合下，仅两个月时间温氏集团就基本挽回了损失，成为"公司＋农户"模式在中国扎根生存的一个成功范例。

（三）客 户

保证客户有钱赚。温氏集团 1996 年就成立销售合作会，通过该组织把广大客户联系起来，形成自己的销售网。销售客户是温氏集团的紧密合作者，不管有多大困难，温氏集团总是以合理的价钱将产品出售给客户，让客户赚取一定的利润，每年还召开客户代表大会，对成绩突出的客户给予奖励。温氏集团的诚信行为让广大客户心服口服，他们想尽办法克服种种困难，将温氏集团产品源源不断送到千家万户。

（四）股 东

温氏集团的做法是按股分红，每年在利润中拿出一定比例，按各人股份分派红利，使股东获得合理的回报。每个人都希望自己的资金能够增值，实践证明将资金投放到温氏集团风险最低、增值最快。所以集团内部的干部员工领了工资，拿了奖金，除了必要的生活开支以外，全部投入温氏集团增加自己的股份。一些在外地工作的亲戚、朋友、同学知道这个情况后，也以温氏集团干部员工的名义购进股份。有了这种良好的资金积累机制，温氏集团一直以来自有资金比较充足，创办的头十多年，极少向银行贷款，而且表现出强大的发展后劲和抗御风险的能力。

## 二、温氏集团与消费者的共存共荣

食品行业对于消费者来说，除了满足基本的生理需要，即维持人的正常身体机能运转之外，食品安全也很重要。在食品行业，保证食品安全，让群众买得放心、吃得安心、用得舒心，有效地保障人民群众身体健康与生命安全是食品企业的第一社会责任。

作为全国大型的农业龙头企业，温氏集团把保障食品安全当成企业健康发展的第一要务。同时，制定了"优质、安全、高效"的质量方针，推行ISO、HACCP以及无公害农产品等质量管理标准，并严格要求下属110个子公司贯彻执行。

温氏集团按照"公司＋农户"的合作模式推行产业化的畜禽养殖，公司统一育种、统一原料采购、统一饲料加工、统一生产管理规程、统一技术服务和监督、统一销售。温氏集团的产业链全程管理，形成了一套规范有序的安全食品管理及运作体系。最终产品——肉鸡（猪）的所有流程都实现了内部的标准化、精细化管理，公司在产业链全流程中全面推行了无公害农产品标准以及ISO、GMP、HACCP等质量管理体系认证，使各个流程都处于标准化管理的可控范围，有效保证产品质量。

## 三、温氏集团与社会的共存共荣

企业是社会的一员，企业和社会的关系好比鱼和水。因此，企业回报社会、勇于承担社会责任是理所当然、义不容辞的。在温氏集团壮大的过程中，得到了社会各界全方位的支持，发展至今，它也是一家乐于承担社会责任的企业。它把社会效益当作企业的重要目标，在社会责任的完成过程中实现温氏集团与社会的共存共荣。

作为一个企业公民，温氏集团一向热心慈善公益事业，履行社会责任。在新农村建设方面，积极参与新农村建设，资助新兴县勒竹镇、河头镇等60多个自然村进行新农村建设，近5年累计投入资金上千万元，用于改造当地农村基础设施建设、植树造林等，改善农村的村容村貌，提高农民生活质量。在下一代教育方面，北英基金会每年都会拿出一定数额的资金帮助贫困家庭学生，使他们完成学业，成为国家的有用人才。在社会发生重大灾害时，温氏集团组织爱心行动。在2008年初的全国支援抗击南方雪灾和5月份的四川汶川地震的抗震救灾等爱心行动中，温氏集团及员工共分别捐款680万元和538万元，体现了温氏集团及全体员工对社会的拳拳爱心。2010年青海玉树地震，温氏集团及干部员工为青海玉树地震进行了募捐，共捐赠了65万元。2008年温氏集团获得广东省企业家最高荣誉，被评为改革开放30周年广东省功勋企业；2010年获得广东省非公有制企业扶贫济困回报社会突出贡献奖，被评为广东省第一届敬老企业之星。温氏集团的这些努力，可以说既取得了社会的认可，也获得了良好的社会效益。

**启示 感悟与讨论**

1. 你认为温氏集团的成功之道是什么？
2. 请谈谈你对共荣之美的理解。
3. 请结合实际，写写你与家庭、学校、社会该如何共生共荣。

**群文 文献与博览**

阅读本章后，请你找相关文献，博览群文，寻找相同主题和内容的文章或资料，以拓展你的知识和开阔你的视野。

**创感 联想与创作**

读完本章你有何联想和创感？有没有创作的冲动？如果有，请你做一名创客，用你喜欢的作品形式，展示你的创感和创意。

# 奇妙的植物共生现象①

在漫长的自然演化进程中，生物之间的关系变得日渐复杂而微妙，其中，共生就是一种非常奇妙的现象。共生现象的形式很多，根据共生物种间的利害关系，大致可分为共栖、共生、附生等。

对于海葵和小丑鱼、鲨鱼和吸盘鱼等海洋动物之间的共生现象，大家已经耳熟能详了。但是你可能不知道，共生现象不仅存在于动物之间，神秘的植物王国里也有不少有趣的共生现象。

## 共栖 抵挡病虫害

在我国内蒙古兴安盟阿尔山市浩瀚无边的林海之中，生长着许多兴安落叶松和樟子松。有意思的是，但凡在松树密集生长的地方，一定也会伴生相当数量的山杨。这种奇妙的松杨共栖现象，让许多游客既好奇又不解：为什么这里的松树和杨树总长在一块儿呢？

---

① 陈博君：《奇妙的植物共生现象》，《百科知识》2014 年第 4 期。

这要从杨树说起。杨树是一种易受细菌、真菌和害虫侵袭的树木，一旦感染了细菌或真菌，成片的杨树林就会爆发大规模的黄粉病、黑斑病或溃疡病；同时，天牛、地蚕、蚜虫、红蜘蛛等许多害虫，也会对杨树造成危害。在人工培育的杨树林中，人们会通过控水、选种、诱杀或使用农药来消灭病虫害，保护杨树的健康生长；但是，在自然环境中，失去了人类庇护的杨树，要怎样来抵御各种病害虫的侵袭呢？与松树共生，就是杨树经过长期自然演化选择的一种自我保护手段。

杨树与松树的共生之所以能够使杨树避开病虫害，与一种名为"芬多精"的神秘物质有关。苏联列宁格勒大学的杜金博士在实验中发现，当高等植物受伤时，其花、叶、根、芽等组织的油脂会分泌出一种浓香的挥发性有机物，这种物质能杀死细菌和真菌，防治林木中的病虫危害并抑制杂草生长。他将这种挥发性的有机物称为"芬多精"，其字面含义就是"植物杀菌素"。

正因为拥有了特殊的植物杀菌素，松树不仅使自身具备了强大的防虫抗病能力，而且还在自己的身边筑起了一道看不见的安全屏障，对生存在周边的其他植物产生了一种保护作用，"松杨共生"现象便由此产生。

植物杀菌素除了能使松树和杨树"结盟"外，还能使其他不少植物间也形成了很好的共栖关系。比如，大蒜分泌出的植物杀菌素"大蒜素"可以驱离危害棉花的棉芽虫，因此，棉花与大蒜就成了"好邻居"；韭菜亦能成为大白菜的"卫士"，因为大白菜易患根腐病，而韭菜根分泌出的杀菌素恰好是治愈根腐病的特效良药；番茄与甘蓝也能形成类似的共生关系，因为番茄分泌的杀菌素可以让危害甘蓝的菜粉蝶闻风丧胆，望而却步。

## 共生 携手促高产

玉米和大豆是两种重要的粮食作物。在我国很多农村地区，人们喜欢将这两种农作物套种在一起。可别简单地以为，农民这么做的目的只是为了节省土地和提高土地的利用率。其实，把玉米和大豆套种在一起，还有一个更奇妙的效果，就是能够同时提高玉米和大豆的产量，有效达到增收的目的。

为什么玉米和大豆能够相互促进产量呢？奥妙就在于大豆的根部长有一种根瘤菌。根瘤菌是一种长有鞭毛的杆状细菌，能从豆科植物的根毛侵入根内，形成根瘤。这种根瘤不仅能够从周围土壤中吸取它所需要的养料和水分，还能把空气中的氮吸收起来，固化成植物所需的氮肥，尤其是满足植物叶片生长的需要。大豆供给根瘤菌碳水化合物，根瘤菌供给大豆氮素养料，所以，根瘤菌和大豆本身也是一种互利共生的关系。

因为拥有根瘤菌而能够制造大量氮素养分，大豆又受到了其他植物的欢迎，能与其他植物形成另一种植物之间的共生关系。例如，玉米的叶片又多又大，特别需要氮素，将大豆与其套种在一起，玉米就能从大豆那里获得足够的氮素养分；玉米也会通过自己的根毛，把不需要的营养物质及时地分泌到土壤里去，从而满足大豆根瘤菌的营养需求。于是，长在一起的大豆和玉米不仅不会因争夺营养而发生争斗，还能携手共同获得增产。

类似的共生促高产现象，在其他豆科植物中也广泛存在。比如豌豆、蚕豆、紫云英、苜蓿等的根部，也都会产生根瘤菌。因此，在很多农村地区，人们除了将玉米与大豆套种外，还会在桑田里套种苜蓿，在瓜地里套种豌豆，在果园里套种蚕豆，在草莓大棚里套种扁豆，在大蒜等蔬菜地里套种大豆……五花八门的套种，其实万变不离其宗，都是利用根瘤菌的固氮作用形成一种植物共生现象。

## 附生 高攀才美艳

在广西昭平县城的社王公，有一株奇特的古榕树，每当春天来临，这棵榕树就会发出阵阵怡人的清香，令人啧啧称奇。榕树怎么会有花香呢？原来，在高高的古榕树树干上，附生着一株被人们誉为"古榕神花"的兰花。古榕与附生的兰花形成了一种微妙的共生关系。

有人认为，附生在古榕树上的兰花是一种寄生植物，它是靠吸取古榕树的养分而生长的，这种寄生关系对寄主——古榕树是一种伤害，如果寄生植物过多，甚至会造成寄主死亡。其实，这种观点是不对的，附生在古榕树上的兰花并不是寄生植物，而是附生植物，古榕树仅仅是附生兰花的立足点。只有借助古榕树高大的身躯生长在高处，兰花才能避开森林底层浓密的树荫，获得充足的阳光和雨露，从而招来鸟类和昆虫为它传播花粉，让风把它的微小的种子散播到遥远的地方进行繁衍。

这种附生兰花适应能力特别强，它们的根部无须，是肉质化根，根本无法直接从古榕树身上汲取营养，附生在高大的古榕树上，还有一个重要的目的就是吸取空中的水分，并从水分中吸收溶解在雨水中的有机物质。另外，兰花的根和叶片之间还长有肥厚的鳞状茎，这是它的贮水器官，用来贮存和补充自身生长所需的水分。当然，兰花的根部也会吸取古榕树树皮裂隙中的腐殖质，但这对古榕树其实并无伤害。因此，附生的兰花不仅对古榕树无害，还会为古榕树的树干带来水分的滋养，它们之间是一种互惠互利的共生关系。

类似的附生现象在世界各地相当普遍。在南美洲广袤的丛林中，色彩缤纷的热带兰一般都附生在大树之上。当年，达尔文在巴西热带雨林中看到长在树上的兰花，感到十分惊奇，称之为"奇妙美丽的寄生花"。于是，热带兰花又常被人们称为"寄生兰"。寄生兰品种繁多，体态不同，花形各异，香味清幽，色彩缤纷。在不同的纬度长着不同的兰花，有的体大如盆，有的小如指甲。这些兰花的共同特点是：根部均为肉质粗根，叶片都非常厚实，因为常年附生在树干上，普遍比较耐旱；它们与寄主之间的关系，就是一种附生的共生关系。

# 奇妙的伙伴：豆科植物和根瘤菌的共生[①]

早在两千多年前，我国劳动人民就知道"种豆肥田"。为何种豆能肥田？这个秘密直到 19 世纪才被揭开。1838 年法国农业化学家波辛格鲁特发现豆科植物能固定大气中的分子态氮。后来德国学者又于 1888 年发现豌豆根瘤与土壤细菌感染有关，同时发现豆科植物只有通过根瘤才能固定大气中的氮素。同年荷兰学者别依也林克首先分离获得豌豆根瘤菌的纯菌种，并命名为根瘤菌。

大气中的氮素以分子态存在，占大气的 78.08%，但是这种分子态氮（$N_2$）却是大多数的植物和动物不能直接利用的。除豆科植物、红萍以及一些非豆科植物有共生固氮作用外，还有许多自生固氮生物。在生物固氮中，共生固氮体系比自生固氮菌所固定的氮量要高得多。因此，研究生物固氮，特别是共生固氮，是现代农业生产上的一项重要课题。

## 共生 伙伴是有选择的

根瘤菌和豆科植物的共生是有选择的，只有互相适应，性情相合，才能结成共生伙伴。某种根瘤菌和豆科植物共生关系的选择性，取决于植物根毛上有一种叫做凝血素的蛋白质，而根瘤菌的表面有某种多糖物质。一种植物的凝血素只与某种多糖相结合，好像一把钥匙只能打开一把锁一样。所以在多种根瘤菌混杂的土壤中，豆科植物可以准确无误地选出它所需要的根瘤菌来建立共生关系。如大豆只能与大豆根瘤菌共生，豌豆根瘤菌只能与豌豆、蚕豆等共生而不能与大豆共生。此外，在同一种根瘤菌中还存在着不同的血清型，同一种豆科植物的不同品种对根瘤菌的不同血清型亦有选择。

## 根瘤的形成与固氮

根瘤菌通过感染线进入根的内皮层，内皮层细胞受根瘤菌分泌的激动素刺激，大量分裂形成分生组织，产生大量细胞，然后在根上发育形成大大小

---

① 陈国相：《奇妙的伙伴：豆科植物和根瘤菌的共生》，《植物杂志》1981 年第 6 期。

小的瘤状物，这就是根瘤。不同种的植物其根瘤形状也各不相同。

根瘤内的细胞被根瘤菌侵入后，停止分裂，而根瘤菌则在细胞内大量繁殖，形成含菌的中央细胞区，根瘤菌本身在根瘤细胞中由杆状变为拟菌体（或叫类菌体）。由于菌种的不同，拟菌体呈不同的形状，有的作环节态，有的是梨形、棒糙形、丁字形等。由拟菌体形成固氮酶，发生固氮作用。

拟菌体被植物细胞内的一层薄膜包围，这层膜叫包膜。根瘤菌合成血红素，而豆科植物合成豆血红蛋白原，豆血红蛋白原与血红素结合而成豆血红蛋白。我们知道，固氮必须在无氧条件下进行，而豆血红蛋白的主要作用，就在于调节根瘤中氧的供应，使之既能满足代谢的需要，又能使固氮酶附近保持极低的氧分压，能够正常地完成固氮作用。

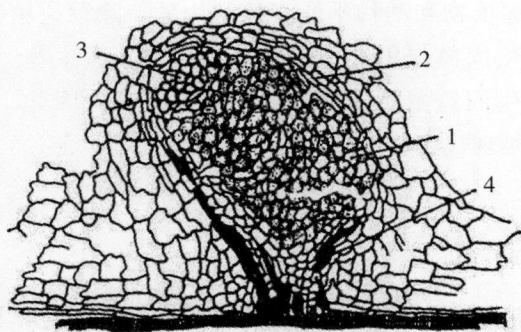

根瘤剖面图
1.含菌细胞区；2.表皮细胞；3.分生组织；4.维管束

## 共生固氮作用的外界条件

在根瘤菌与植物共生过程中，要想获得高效固氮，除了选用高效菌株外，还要重视影响固氮作用的外界条件：

（1）土壤养分：豆科植物在缺钼、缺铁的土壤坡中虽能结瘤，却不能固氮；因为钼、铁都是固氮酶的成分。钴是根瘤菌所必需的微量元素，缺钴时，豆科植物的叶子会失去绿色，根瘤变软变小，血红蛋白减少。缺铜也会使根瘤稀少，甚至不结瘤。若施磷肥则可提高固氮效率。

（2）土坡酸度：这是决定共生固氮的重要因素之一。多数共生体系要求中性或微碱性土壤。盐碱地对固氮酶活性有抑制作用，而在酸性土壤里有效根瘤少。施石灰可提高土壤 pH 值，降低土壤中铝、锰等元素的溶解度，减少这些元素对豆科共生固氮的毒害，增加土壤重碳酸盐，可促进结瘤。

（3）光照和温度：光合作用的产物糖类，是根瘤菌的营养和能源。光强度减弱时，固氮能力降低。相反光照过强，也会抑制固氮作用。土坡温度在24℃时，大多数的固氮酶活性强，容易形成根瘤。若气温过高，呼吸作用加快，导致碳水化合物消耗增多，会减弱结瘤和固氮作用。气温过低对固氮亦有不利影响。

# 肠道菌群：你所不知的那部分"自己"[1]

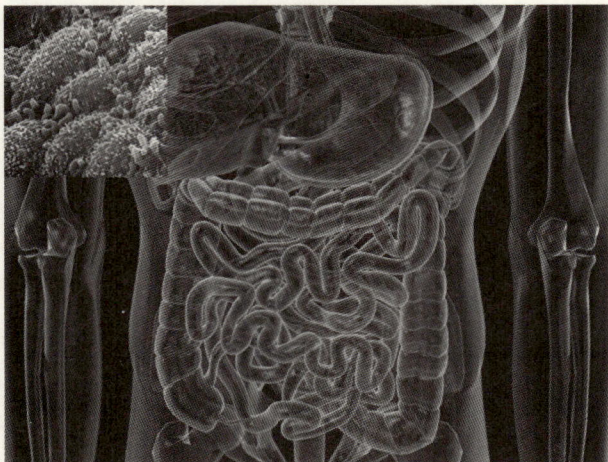

你是你自己么？拿这个问题去问别人，估计被问到的人都会一愣，然后答道"我当然是我自己"。的确，在大多数时候，人总是被视作一个独立、统一、完全的个体。然而，生物学和医学研究却发现，其实人体并非是一个统一的整体，在人体内部，还有一些与人体在生物学上截然不同，而又有紧密联系的生物群体。这个生物群体，是由大量微生物共同组成的。其中最重要也是最有名的，就是肠道菌群。

## 身体内的另一个自己

在微生物学诞生后不久，人们就发现，在动物的消化道中存在有不少微生物。例如，在牛、羊、兔等食草动物的胃或盲肠中，就存在大量以细菌为主的微生物群体。由于食草动物摄入的植食性饲料中，纤维素、半纤维素等多糖难以依靠动物体自身分泌的酶液消化，而微生物群体中包含的纤维素消化菌、半纤维素消化菌等可以较好地将多糖转化为低聚糖和寡糖，从而促进

---

[1] fengfeixue 0219：《肠道菌群：你所不知的那部分"自己"》，果壳网，http://www.guokr.com/。

对这些营养物质的吸收。

随着医学的发展，人们也注意到，在人类的肠道，尤其是结肠（也就是平常所说的大肠）中，也存在着大量微生物。这些以细菌为主的微生物种类极多，数量极大。据推测，一个正常成人体内，肠道内的细菌总重量可达 1 ~ 1.5 千克，包含的细菌数量则可以达到 $10^{14}$ 个。而一个成年人自身的细胞数量为 $10^{13}$ 个，也就是说，居住在我们肠道内的细菌数量，是人体细胞总数的 10 倍！我们每天排出的粪便中，干重量的 50% 以上是由这些细菌及其"尸体"构成的。因此有人风趣地说，从数量上来看，我们人类不应该被称为人类，而应被称作细菌。如此庞大的细菌群体驻扎在肠道内，构成了一个极为复杂的集体。这个集体，就被称作肠道菌群。

肠道菌群并非是生来就有的，它们实际上是"外来户"。在母体子宫内，胎儿所处的是一个几乎无菌的环境，因此胎儿肠道内也是无菌的。当胎儿出生之后的几天内，细菌通过分娩时阴道物质摄入、哺乳时的口腔摄入以及空气吸入等途径进入新生儿体内，并在肠道内定植，形成新生儿最初的肠道菌群。随着婴儿的成长，肠道菌群的种类结构逐渐趋于稳定，最终形成成熟的肠道菌群。这些微小的生物的群体就这样不知不觉地定居到人体之内，悄无声息地与主人相随一生。

## 复杂但组织严密的群体

肠道内如此之多的细菌，并非杂乱无序地驻扎在肠道内。相反，对于一个正常人体来说，肠道菌群具有一定的组成结构。据估计，人体肠道菌群可包括 500 ~ 1 000 种细菌，不过种类虽多，但各种细菌的数量差别却很悬殊：99% 以上的细菌是由其中 30 ~ 40 种细菌构成的，其他多种细菌则只占到很小的比例。目前，已经鉴定出的细菌类群有百余个，包括拟杆菌、双歧杆菌、乳酸杆菌、芽孢杆菌、肠球菌、肠杆菌等。这些细菌根据其在肠道内不同的生理功能被分为三大类：共生菌、条件致病菌和病原菌。

所谓共生菌，顾名思义，它和我们人体是互利共生的关系。简单地说，就是人体为细菌的生活提供生存场所和营养，而这些细菌则为人体产生有益的物质和保护人类健康。前面说到的双歧杆菌、乳酸菌、拟杆菌等，就是共生菌的典型例子。共生菌一般都是专性厌氧菌，从数量上说，它们占据了肠道菌群所有细菌数量的 99% 以上，是肠道菌群的主体。

条件致病菌在肠道菌群内数量较少，它们从功能上来说是肠道内的"看客"。在正常条件下，由于大量共生菌的存在，这些"看客"并不容易繁殖开来造成危害。但若在一定条件下任由它们繁殖，那么就会对机体产生不良印象。肠道菌群中，常见的条件致病菌大多是肠球菌、肠杆菌等。

肠道内还有那么一小撮分子，它们不常驻在肠道内。但是若不慎摄入，则有可能在肠道内大量繁殖，然后兴风作浪，导致疾病。这些就是致病菌。在致病菌的名单中，一些名字可以说臭名昭著，例如引起食物中毒的沙门氏菌、导致腹泻的致病性大肠杆菌等。

从上面可见，正是由于共生菌占据了肠道菌群的主导地位，因此才能抑制条件致病菌变为致病菌，并防止致病菌的侵扰。对于人体来说，维持肠道菌群处于正常的平衡之中，是保证机体健康的重要一环。若菌群结构发生异常，则可能带来很多潜在的健康问题。

## 肠道菌群——尚未被认识的器官

早期研究中，肠道微生物更多地被认为是和消化、营养作用联系在一起的。在动物实验中，无菌小鼠需要多摄取30%的碳水化合物，才能和正常有菌小鼠的体重相当。对人类来说，植物中的纤维素和半纤维素类多糖是无法消化的，而肠道菌群中的拟杆菌等细菌则具有一系列多糖消化的酶，来分解这些多糖，从而为人类提供能量。除此之外，肠道菌群通过发酵还能产生短链脂肪酸和维生素 K 供人体吸收，同时一些金属离子，如钙、镁、铁等，也可通过肠道菌群被重新吸收。

然而随着研究的深入，人们逐渐发现，肠道菌群不只在消化过程发挥作用，它和人体健康有着极为密切的联系。

首先，肠道菌群的存在能通过自身屏蔽和影响机体免疫系统，阻止病原菌入侵人体。肠道内壁，是人体和外界环境接触面积最大的地区（是的，你没有看错，肠管内的空腔严格来说是"体外"环境）。肠道菌群附着在肠道内壁表面的黏膜层之上，构成了一层由细菌构成的屏障。如同前文所说，肠道菌群通过其中占主导作用的共生菌的活动，抑制致病菌的生长，同时阻止致病菌透过这层屏障进入人体。在进行被动防御的同时，肠道菌群可以刺激机体在肠道形成更多的淋巴器官，并增加免疫球蛋白在血浆和肠黏膜中的水平，使得免疫系统处于一种适度的活跃状态，以此对入侵体内的病原菌保持有效的免疫作用。而肠道菌群的失调，则可造成免疫系统的过度活跃，从而产生自体免疫疾病。

其次，肠道菌群对肠道自身具有调节和提供营养的作用。有报道显示，肠道菌群的存在，尤其是其产生的短链脂肪酸的营养作用，可以使得肠道上皮细胞的生长更为活跃。相比于无菌肠道，具有正常肠道菌群的肠黏膜绒毛下侧会产生更多的可分泌黏液和酶的组织——隐窝，同时肠黏膜细胞更替更为迅速。此外，肠道菌群还可调控肠黏膜上皮细胞的分化。这意味着，具有正常的肠道菌群可以使得肠黏膜更快地修复其破损。

再次，近期的多项研究表明，肠道菌群和人体的代谢疾病具有重要关系。肠道菌群失衡可能是造成肥胖、糖尿病等多种代谢异常的重要原因之一。造成代谢异常的主要原因，是失衡的肠道菌群产生的脂多糖等内毒素进入人体，被免疫细胞识别后产生多种炎症因子，使得机体进入低度炎症状态，从而产生代谢异常。例如，若长期进食高脂、高糖食物，可造成肠道菌群中条件致病菌比例上升，而共生菌比例下降，从而使得食物中摄取的能量更容易转化为脂肪累积于皮下，造成肥胖。此外，低度炎症还能促使机体对胰岛素相应程度下降，造成胰岛素抵抗，进而发展为糖尿病。

最后，肠道菌群与健康还有其他更多元的关系。比如，肠道菌群产生的类胡萝卜素类物质可一定程度上降低动脉粥样硬化和中风的风险。正常肠道菌群可通过对淋巴细胞的影响，调节机体对过敏原的反应，从而影响过敏疾病的产生。更令人惊奇的是，还有证据显示，肠道菌群的结构变化甚至可以影响机体的行为模式。

从以上各方面可以看出，肠道菌群，这个陪伴我们一生的生物构造，其功能更像是一个影响到机体各个方面的"器官"。这个器官的正常与否，对人体的健康程度有着重要影响，而我们对它的了解才刚刚起步。毫不夸张地说，肠道菌群，是我们体内一个尚未被认识的器官，而对它结构和功能的研究，对治疗疾病和开发新的治疗方式具有重要的意义。

### 肠道菌群的未来——益生菌、益生元和宏基因组学

由于肠道菌群的主体是共生菌，因此肠道菌群失衡的主要表现为共生菌比例的下降。自然而然的人们想到可以通过直接补充共生菌，或通过补充促进共生菌生长的物质，来达到调节肠道菌群的目的。目前，人们最常作为共生菌补充的是乳酸杆菌和双歧杆菌，同时也有少量链球菌等。在我们的生活中经常听到的名词"益生菌"，主要指的就是这几类细菌。通过适当的方式适度地补充这些益生菌，可以在一定程度上调节肠道菌群组成，进而改善健康

状况。

　　与"益生菌"这一概念相仿，最近一个新的名词"益生元"（prebiotic）被大家所熟知。所谓益生元，较为公认的概念是指能够不被消化而完整进入肠道菌群环境、可被共生菌利用而增加共生菌数量和活力并有利于人体健康的物质。目前，公认的"益生元"物质包括低聚半乳糖和菊糖。一些证据也表明低聚果糖可能也是潜在的"益生元"之一，因为摄入一定果糖可增加人类肠道菌群中双歧杆菌的比例。不过值得注意的是，"益生元"是一个概念，而不是一个具体的产品。市场上很多打着"益生元"名义的产品，更多的是借用这个概念宣传其保健作用。这些产品所含成分可能对肠道菌群有良性影响，但严格来说并非真正符合"益生元"的定义。

　　由于肠道菌群具有如此多样和重要的功能，因此大批科研人员开始对肠道菌群进行更深入的研究。微生物的传统研究手段是利用体外培养和分离培养，分析单独菌株或菌群的生理功能。但是很多种类的肠道菌群只能在人体内生存而不能被体外培养，因此传统手段在面对肠道菌群如此复杂的结构时显得捉襟见肘。不过，随着测序技术的进步，人们可以将整个肠道菌群作为一个整体，对它所包含的所有基因进行分析。这个基因的大集合，就被称作宏基因组。根据研究，这个基因组所包含的基因多达数百万，是人类基因组的 100 倍之多，其中包含多个与物质代谢、免疫、信号相关的基因群体。通过对肠道菌群宏基因组的研究，有助于进一步挖掘肠道菌群功能，更深层次地探究肠道菌群和人体健康的关系。

共生哲学读本
GONGSHENG ZHEXUE DUBEN

# 第二课
# 美美与共——共生之道

 **引言** 主题与经典

"道生一，一生二，二生三，三生万物。"

——老子《道德经》

我们知道得越多，越看出各种生物互相依赖、和谐共存，就越觉得大自然实在令人赞叹。就好像管弦乐团的乐手各司其职，合奏出动听的交响曲，地球上所有生物（包括人类）也各司其职，合奏出生命的交响曲，令生命不但得以延续下去，而且充满乐趣。毫无疑问，大自然的一切是个非凡的设计，表明宇宙间确有一位伟大的设计家。

# 第一节 妙趣共生

## 一、猪笼草与蝙蝠的另类合作

清晨，在微微的晨风中，蚊子扇动着透明的翅膀，飞翔在祥和的片片绿草丛中。它并不知道，在那绿色中其实潜伏着可怕的杀机，而这杀机的酝酿者，并非它们的昆虫天敌，而是一些美丽的绿色植物。

食肉动物吃食草动物，食草动物吃植物，植物则"吃"二氧化碳、水和盐，这似乎是天经地义的。然而，也有反常的情况，植物也并非全都吃素，有些植物也能捕猎，它们能够通过各种奇特的方式捕捉小型昆虫作为自己的美餐。猪笼草就是食虫植物的典型代表。

猪笼草的叶子演化成瓶状的捕虫器，瓶口附近有许多蜜腺，能分泌出含有果糖的汁液，对昆虫具有极大的吸引力。然而这种汁液却并非美食，而是危险的毒酒！汁液中除了含有果糖，还含有毒素，能够让食用者神志不清，麻痹乃至死亡，往往掉进瓶状的捕虫器而无法自拔，猪笼草因此常常"斩获颇丰"。

然而，并不是所有的囊中物都会成为猪笼草的美食，例如蝙蝠。对于蝙蝠而言，猪笼草是它理想的厕所兼卧房：没有寄生虫困扰，没有日晒雨淋，空间足够用来排泄和睡觉。而猪笼草也非常喜欢这个住客。这是为什么呢？

原来猪笼草的生长土壤较为贫瘠，蝙蝠的粪便就成了它宝贵的肥料。研究者发现，猪笼草叶片中的氮元素大约有34%都来自蝙蝠的粪便。这是一对神奇的合作者，这种异于寻常的生存方式，给双方都带来好处——食肉植物得益于蝙蝠粪便中的营养素，而蝙蝠则安全地藏匿于植物的捕虫囊中。

## 二、小丑鱼和海葵：相濡以沫的朋友

在一片苍茫的大海底部，一朵鲜艳的巨大花朵，伴随着一群色彩鲜艳的小丑鱼一起随着海流翩然起舞，这是许多潜水者乐于在珊瑚礁海域中遇见的欢乐景象：一群体型巨大的热带海葵们，带着它们的房客（小丑鱼），在印度洋、太平洋海域的海底优游度日，过着相互合作的共栖生活。

海葵属无脊椎动物中的腔肠动物。它广泛生活在浅海的珊瑚、岩石之间，多为肉红色、紫色、浅褐色。在海葵的触手中含有有毒的刺细胞，这使得很多海洋动物难以接近它。但由于行动缓慢，难以取食，海葵经常饿肚子。而小丑鱼因为它那艳丽的体色，常惹来杀身之祸。

长期以来，小丑鱼与海葵在生活中达成了共识，每天小丑鱼会带来食物与海葵共享；而当小丑鱼遇到危险时，海葵则会用自己的身体把它包裹起来，保护小丑鱼。

小丑鱼与海葵的共生关系是一辈子的事，小丑鱼刚孵化后就在海中漂流1~2周的时间，靠视觉及嗅觉找到合适的海葵后住下，此后一生都会在此生活。若小丑鱼一直无法找到合适的海葵共生，它们很快就会被其他捕食者吃掉。

## 三、非洲犀牛的"知心朋友"

凶猛的非洲犀牛也有自己的鸟类朋友，那就是犀牛鸟。

一头犀牛足有好几吨重，它皮肤坚厚，如同披着一身刀枪不入的铠甲，头部那碗口般大的一支长角，任何猛兽被它一顶都要完蛋。据说当犀牛发脾气的时候，别说是狮子，就连大象也要避让三分。这样粗暴的家伙，怎么和体形像画眉般大小的犀牛鸟成了"知心朋友"呢？

原来，犀牛的皮肤虽然坚厚，可是皮肤皱褶之间却又嫩又薄，一些体外寄生虫和吸血的蚊虫便乘虚而入，吸食犀牛的血液。犀牛又痒又痛，可除了往自己身上涂泥能防御一点这些昆虫叮咬外，再没有别的好办法来赶走、消灭这些讨厌的害虫。而犀牛鸟正是捕虫的好手，它们成群地落在犀牛背上，不断地啄食着那些企图吸犀牛血的害虫。犀牛浑身舒服，自然很欢迎这些小伙伴来帮忙。

除了帮助犀牛驱虫外，犀牛鸟对犀牛还有一种特别的贡献。犀牛虽然嗅觉和听觉很灵敏，可视力却非常不好，是"近视眼"。若是有敌人悄悄地前来偷袭，它就很难察觉到。这时候，它忠实的朋友——犀牛鸟就会上蹿下跳，叫个不停，提醒犀牛注意；犀牛才能意识到危险来临，及时采取防范措施。

**启示** 感悟与讨论

1. 说一说你所知道的妙趣共生现象。
2. 你喜欢共生生物吗？为什么？
3. 你认为共生的原因是什么？
4. 你认为人类需要共生吗？

# 第二节　森林哲学

在大自然中，森林的生态系统是在一定时间和空间范围内，由生物群落与其环境组成的一个整体，各成员通过能量流动、物质循环和信息传递而相互作用、相互依存并形成具有自我组织和自我调节功能的复合体。这些特征与企业管理特征非常一致。

## 一、森林哲学的共存共荣

在自然界中，一片原始森林和一片人工经济林谁更能经得起大自然的风雨考验呢？

人工经济林必须借助外界提供的水分、肥料来维持自身的生长，若遇到恶劣天气，它们会因自身抵抗力薄弱而出现群体性死亡。

而原始森林则能形成自我平衡、自我修复的生态系统，可充分借助自然界的水分、空气、土壤，自我提供养料，从而保持长久旺盛的生命力。此外，原始森林里的物种之间互相依赖，高大的乔木可为喜阴类植物遮挡烈日的曝晒，灌木和草本植物可减缓雨水对土壤的冲刷；茂密的树叶可为鸟兽提供栖息之所，而鸟兽的啄食又可使树种的种子和果实四处散播并生根发芽。

大自然的相同物种之间，虽然也会相互争夺自然资源，但它们最终会团结成为一个密不可分的整体，共同迎接大自然的洗礼，渡过一道道难关。互相依赖、共存共荣，这正是原始森林比人工经济林更能经得起考验的根本原因。

## 二、"安信门"事件

2012 年 2 月 16 日，一位名为李晓燕的网友在网易家居论坛称，万科近年来在十多个城市的上万套全装修房项目中，大量使用甲醛严重超标、劣质的安信品牌地板。部分劣质地板的甲醛释放量超过合同约定标准 5 倍，严重危害人体健康，且面层厚度严重不足，使用寿命仅为合格产品的 2 成。

这一事件迅速引起了业内外人士的密切关注，一时间议论纷纷，质疑不断，万科与安信两大品牌企业被推至风口浪尖。随着该事件的持续发酵，达芬奇、帝王等大品牌相继落马，瞬间把国内一些知名企业商推向"被拷问"的境地。

即使各方大力澄清并承诺将承担一切责任，充分保障消费者权益，但"安信门"事件已经将怀疑的种子深深地植入到了公众的心里，引发了消费者对家居建材的安全担忧，同时，品牌在消费者心中的影响力也在不断减弱，消费者纷纷开始质疑品牌的可信度。

安信"地板门"事件已使家居建材行业乃至整个供应链上的企业不同程度地受到震荡和牵连。这个现象可以运用"森林哲学"理念进行全新的诠释：如果企业合作中无法达成双赢，导致关联组织利益受损，除非有更重要的关联因素，否则这种合作将不可能长久和稳定。因此，企业在运营中不能把短期、单方面利益看得太重，必须适当顾及关联企业组织的利益。只有达成双赢的局面，才能获得长久且稳定的利益最大化。

## 三、微软开发者生态系统

在企业的"大森林"中，任何一个企业都不是孤立存在的个体，为了追求利益最大化，它们必然会结成各种联盟。而此种和谐共生的关系不仅存在于供应商、分销商、融资机构、外包服务公司之间，还存在于同行业合作伙伴甚至竞争对手之间。

2015 年 1 月 21 日，Windows10 揭开了微软生态系统的新篇章，"Windows as a Service"颠覆了微软过去的理念。自 Windows10 发布起一年内，用户从 Windows 7、Windows 8 以及 Windows 8.1 升级到 Windows 10，都将免费。除此

之外，微软还发布了一系列的新产品，包括新浏览器 Spartan，以及在社区里引起很多开发者和消费者注意的两款设备——Surface Hub 和 HoloLens。一些游戏场景，以及关于开发和 UEP 场景的介绍进入用户视野。

而在 2015 年 3 月初的全球移动通信大会（MWC）上，微软正式推出了 UAP（Universal App Platform），该平台主要通过三个途径打造一个良性的生态环境。第一，移动应用体验支持所有类型设备，让开发者获得更广阔的用户群体；第二，让用户拥有独一无二的体验，将个性化应用运行在微软的 UAP 平台上；第三，应用和 Web 开发者前期投入的资源，微软要在后期的开发中进行更好的保护。

一周后，微软在全球游戏开发者大会（GDC）上，宣布了两条重要消息：第一，微软发布支持 Windows 10 的 Xbox Live SDK，这样可以使得微软的社交关系网络能够在 Windows 10 上为更多的开发者使用；第二，Xbox 和 Windows 10 设置的 API 正式公开，这将能够提供更具整合力的社交游戏体验。

3 月 18 日的 WinHEC 大会，进一步展示了微软在中国乃至于全世界的发展能力和成长环境。一些中国顶尖级的技术玩家开始跨入 Windows 10 生态圈。比如腾讯、奇虎 360、小米、联想、英特尔、高通等。

可以说，微软最新生态体系的建立已颇成气候。尤其是免费的 Windows 10 的发布，给了开发者很多福利，让开发者没有理由拒绝。另外，伴随着 Windows 10 的发布，还有 HoloLens、Cortana 以及 Windows Phone 等，这些新的应用也给开发者提供了很多想象空间。

"得生态系统者得天下"，可生态系统毕竟不是某个简单物件，谁想得就能得。你不但得有先天基因，还得有后天持之以恒的坚持。可能市面上也有个别产品在功能上不亚于 Windows 10，但在生态系统层面，没有谁能超过微软。正因为有强大的生态系统支持，微软才会不断超越自我，Windows 才越来越趋于完美。

启示 感悟与讨论

1. "安信门"事件为什么会产生这么大的负面影响？

2. 请结合微软开发者生态系统谈谈怎样做才可以利益最大化？

3. 谈谈你对森林哲学的理解。

## 第三节　和谐共生

### 一、《种豆》[①]

　　这时我的豆子，已经种好了的一行一行地加起来，长度总共有七英里了吧，急待锄草松土，因为最后一批还没播种下去，最先一批已经长得很不错了；真是不容再拖延的了。这一桩赫拉克勒斯的小小劳役，干得这样卖力，这样自尊，到底有什么意思呢，我还不知道。我爱上了我的一行行的豆子，虽然它们已经超出我的需要很多了。它们使我爱上了我的土地，因此我得到了力量，像安泰[②]一样。可是我为什么要种豆呢？只有天晓得。整个夏天，我都这样奇妙地劳动着——在大地表皮的这一块上，以前只长洋莓、狗尾草、黑莓之类，以及甜蜜的野果子和好看的花朵，而现在却让它来生长豆子了。我从豆子能学到什么，豆子从我身上又能学到什么呢？我珍爱它们，我为它们松土锄草，从早到晚照管它们；这算是我一天的工作。阔大的叶子真好看。我的助手是滋润这干燥泥土的露水和雨点。而泥土本身又含有何等的肥料，虽说其中有大部分土地是贫瘠和枯竭的。虫子，寒冷的日子，尤其土拨鼠则是我的敌人。土拨鼠吃光了我一英亩地的四分之一。可是我又有什么权利拔除狗尾草之类的植物，毁坏它们自古以来的百草园呢？好在剩下的豆子立刻就会长得十分茁壮，可以去对付一些新的敌人了。

　　还在任何土拨鼠或松鼠窜过大路，或在太阳升上橡树矮林之前，当时一切都披着露珠，我就开始在豆田里拔去那高傲的败草，并且把泥土堆到它们上面，虽然有些农民不让我这样做，——可我还是劝你们尽可能趁有露水时把一切工作都做完。一清早，我赤脚工作，像一个造型的艺术家，在承露的粉碎的沙土中弄泥巴，日上三竿以后，太阳就要晒得我的脚上起泡了。太阳照射着我锄耨，我慢慢地在那黄沙的冈地上，在那长十五杆的一行行的绿叶丛中来回走动，它一端延伸到一座矮橡林为止，我常常休息在它的浓荫下；

---

　　① 梭罗著，王家湘译：《瓦尔登湖》，北京：北京十月文艺出版社，2007年。
　　② 希腊神话中的巨人，海神波塞冬和地神盖亚之子，战斗时，只要身体不离土地，就能从大地母亲身上不断吸收力量，百战百胜。后被赫拉克勒斯识破，将他举在空中击毙。

第二课　美美与共——共生之道

029

另一端延伸到一块浆果田边，我每走一个来回，总能看到那里的青色的浆果颜色又微微加深了一些。我除草根又在豆茎周围培新土，帮助我所种植的作物滋长，使这片黄土不是以苦艾、芦管、黍粟，而是以豆叶与豆花来表达它夏日幽思的。——这就是我每天的工作。因为我没有牛马、雇工或小孩的帮助，也没有改良的农具，我就特别地慢，也因此我跟豆子特别昵昵了。用手工作，到了做苦工的程度，总不能算懒惰的一种最差的形式了吧。这中间便有一个常青的、不可磨灭的真理，对学者而言，是带有古典哲学的意味的。和那些向西穿过林肯和魏兰德到谁也不知道的地方去的旅行家相比，我就成了一个 agricola laboriosus① 了；他们悠闲地坐在马车上，手肘放在膝盖上，缰绳松弛地垂成花饰；我却是泥土上工作的、家居的劳工。可是，我的家宅田地很快就落在他们的视线和思想之外了。因为大路两侧很长一段路上，只有我这块土地是耕植了的，自然特别引起他们注意；有时候在这块地里工作的人，听到他们的批评。那是不打算让他听见的，"豆子种得这样晚！豌豆也种晚了！"——因为别人已经开始锄地了，我却还在播种——我这业余性质的农民想也没想到过这些。"这些作物，我的孩子，只能给家畜吃的；给家畜吃的作物！""他住在这里吗？"那穿灰色上衣戴黑色帽子的人说了；于是那口音严厉的农夫勒住他那匹感激的老马询问我，你在这里干什么，犁沟中怎么没有施肥，他提出来，应该撒些细末子的垃圾，任何废物都可以，或者灰烬，或者灰泥。可是，这里只有两英亩半犁沟，只有一把锄代替马，用两只手拖的——我又不喜欢马车和马——而细末子的垃圾又很远。驾车辚辚经过的一些旅行者把这块地同他们一路上所看见的，大声大气地作比较，这就使我知道我在农业世界中的地位了。这一块田地是不在柯尔门先生的报告中的。可是，顺便说一说，大自然在更荒凉的、未经人们改进的地面上所生产的谷物，谁又会去计算出它们的价值来呢？英格兰干草给小心地称过，还计算了其中的湿度和硅酸盐、碳酸钾；可是在一切的山谷、洼地、林木、牧场和沼泽地带都生长着丰富而多样的谷物，人们只是没有去收割罢了。我的呢，正好像是介乎野生的和开垦的两者之间；正如有些是开化国，有些是半开化国，另一些却是野蛮国，我的田地可以称为半开化的田地，虽然这并不是从坏的意义上来说。那些豆子很快乐地回到了我培育它们的野生的原始状态去，而我的锄头就给他们高唱了牧歌。

在附近的一棵白桦树顶有棕色的歌雀——有人管它叫做红眉鸟——歌唱

---

① 拉丁文，劳苦的农夫。

了一整个早晨，很愿意跟你作伴。如果你的农田不在这里，它就会飞到另一个农夫的田里去。你播种的时候，它叫起来，"丢，丢，丢了它，——遮，遮，遮起来，——拉，拉，拉上去。"可这里种的不是玉米，不会有像它那样的敌人来吃庄稼。你也许会觉得奇怪，它那无稽之歌，像用一根琴弦或二十根琴弦作的业余帕格尼尼①式的演奏，跟你的播种有什么关系。可是你宁可听歌而不去准备灰烬或灰泥了。这些是我最信赖的、最便宜的一种上等肥料。

当我用锄头在犁沟边翻出新土时，我把古代曾在这个天空下居住过的一个史籍没有记载的民族所留下的灰烬翻起来了，他们作战狩猎用的小武器也就暴露在近代的阳光下。它们和另外一些天然石块混在一起，有些石块还留着给印第安人用火烧过的痕迹，有些给太阳晒过，还有一些陶器和玻璃，则大约是近代的耕种者的残迹了。当我的锄头叮当地打在石头上，音乐之声传到了树林和天空中，我的劳役有了这样的伴奏，立刻生产了无法计量的收获。我所种的不是豆子，也不是我在种豆；当时我又怜悯又骄傲地记起来了，如果我确实记起来的话，我记起了我一些相识的人特地到城里听清唱剧去了。而在这艳阳天的下午，夜鹰在我头顶的上空盘旋——我有时整天地工作——它好像是我眼睛里的一粒沙，或者说落在天空的眼睛里的一粒沙，它时而侧翼下降，大叫一声，天空便好像给划破了，最后似裂成破布一样，但苍穹依然是一条细缝也没有；空中飞着不少小小的精灵，在地上、黄沙或岩石上、山顶上下了许多蛋，很少有人看到过的；它们美丽而细长，像湖水卷起的涟漪，又像给风吹到空中的升腾的树叶；在大自然里有的是这样声气相投的因缘。鹰是波浪的空中兄弟，它在波浪之上飞行视察，在空中扑击的完美的鹰翅，如在酬答海洋那元素的没有羽毛的翅膀。有时我看着一对鹞鹰在高空中盘旋，一上一下，一近一远，好像它们是我自己的思想的化身。或者我给一群野鸽子吸引住了，看它们从这一个树林飞到那一个树林，带着一些儿嗡嗡的微颤的声音，急遽地飞过；有时我的锄头从烂树桩下挖出了一条蝾螈来，一副迂缓的奇怪的、丑陋的模样，还是埃及和尼罗河的残迹，却又和我们同时代了。当我停下来，靠在我的锄头上，这些声音和景象是我站在犁沟中任何一个地方都能听到看到的，这是乡间生活中具有无穷兴会的一部分。

---

① 帕格尼尼（1782—1840），意大利著名小提琴家、作曲家。

## 二、《苍穹之下》的思考

"你见过真正的星星吗？"

"没有。"

"你见过蓝颜色的天吗？"

"见过蓝一点的。"

"你见过白云吗？"

"没有。"

这是纪录片《苍穹之下》中，一名女记者与一名儿童之间的对话。

2015年2月28日，一部名为《苍穹之下》的纪录片出现在各大主流视频网站，在短短的时间内，其播放量及下载量就已破亿。

雾霾是什么？它从哪儿来？我们怎么办？在《苍穹之下》中，柴静运用大量的数据、事件及亲身经历来回答这三个问题。在片子中我们看到了环境问题的严重性，更看到环境保护的现实性和无奈……

雾霾污染到底有多严重？

2014年，整整一年的北京，污染天数175天。

PM2.5当中有15种致癌物，其中世界上最强的致癌物——苯并a芘的含量是国家标准值的多少倍呢，14倍。前卫生部部长陈竺的测算结果是，在中国每年因为大气污染过早死亡的人数是50万人。在2013年1月份，重雾霾期间的时候，我们整个国家有27个城市都出现了急诊人数的爆发性增长。

世卫组织说，颗粒物已被列为人类一级致癌物。

1976年到1981年，那时候的大气污染已经跟居民的肺癌死亡率分布一致。2006年年均PM2.5浓度要高于今天，就在这一年中国提出节能减排。过去30年内，我国的肺癌死亡率上升了465%。

中国，作为一个年轻的发展中国家，发展是一切。我们提出了"向大自然宣战""发展压倒一切"等口号，在那个时候，几乎没人去质疑这些口号的正确性，而环境保护被经济发展有意识地忘记了。如今，环境污染却成了绕不过去的话题。环境保护成了全人类共同的目标。

党的十八大会议已经把环境保护工作纳入了建设小康社会和实现伟大中国梦的战略体系之中，并制定了"经济建设、政治建设、生态文明建设、社会建设、文化建设"的"五位一体"战略举措。2015年1月1日开始实施的新《环保法》，被称为史上最严环保法，它赋予了环保部门多件执法利器。环

保部门可直接查封、扣押排污设备，环保执法有了质的飞跃，让环保执法"长了牙齿"。

### 三、当前的水资源危机

当前，全球变暖引起的极端气候已呈常态化趋势，中国本就突出的水安全和水资源固有的脆弱性进一步加剧。2010 年下半年以来，我国西南原本降水丰沛的云南、贵州、广西、四川、重庆等省、自治区、直辖市，发生了秋、冬、春连旱。炎炎烈日灼烧着干裂的土地，赤地千里，超过 6 000 万的受灾人口，连基本生活用水都面临着严重的困难。灾区男女老少昼夜跋涉上山寻找水的场面，令人触目惊心。有人惊呼：母亲河已经没有眼泪。

水是生命之源，它滋润着万物，孕育着生命和文明，古代人类的四大文明无一不是诞生在江河之滨；进入到工业时代和信息时代，水与人类的活动更是息息相关。然而，世界水资源的形势却不容乐观，淡水资源匮乏已危及地球的生命保障系统，全球有超过 8 亿人没有安全的饮用水水源，每年还有 5 万多亿水体被污染。如果有一天，地球母亲再无乳汁哺育我们，即便我们创造再多的财富，人类也不可能活得有尊严。从这个意义上说，水不仅是资源，更是生命。

问渠哪得清如许？为有源头活水来。气候变化与水安全是全球性的难题，需要我们像应对金融危机一样同舟共济，拿出信心、诚意和勇气，采取一致的行动，以对话代替对抗，积极开展多领域的务实合作。人类文明发展到今天，我们有足够的良知、智慧、能力和机制，共同应对全球性的气候变化与水安全问题，以水资源的可持续利用，保障世界经济社会的可持续发展。让我们携起手来，积极探索人与自然和谐共生的生态文明之路，大力发展低碳经济，责无旁贷地承担起节能减排的国家责任，努力建设节水型社会，让自然生态得以平衡修复，让山川秀美、风调雨顺、江河安澜，让人类铸剑为犁、守望相助，共同呵护我们的地球家园。

**启示 感悟与讨论**

1. 请观看纪录片《苍穹之下》后回答，当前人类遭受雾霾危机的原因是什么？

2. 请结合实际谈谈，你打算如何与自然和谐共处？

3. 你读过《瓦登尔湖》这本书吗？找来读一读吧。作者梭罗远离尘嚣，他想在自然的安谧中寻找一种本真的生存状态，寻求一种更诗意的生活。快去体会一下那样的生活。

### 群文 文献与博览

阅读本章后，请你找相关文献，博览群文，寻找相同主题和内容的文章或资料，以拓展你的知识和开阔你的视野。

### 创感 联想与创作

读完本章你有何联想和创感？有没有创作的冲动？如果有，请你做一名创客，用你喜欢的作品形式，展示你的创感和创意。

# 国王山努亚和他的一千零一夜①

相传古时候，在古印度和中国之间的海岛上，有一个萨桑王国，国王名叫山努亚。山努亚国王每天都要娶一个女子回来，在王宫过夜，但每到第二天雄鸡高唱的时候，便残忍地杀掉这个女子。

这样年复一年，持续了三个年头，整整杀掉了一千多个女子。

百姓在这种威胁下感到恐怖，纷纷带着女儿逃命他乡，但国王仍然只顾威逼宰相，每天替他寻找女子，供他取乐、虐杀。整个国家的妇女，有的死于国王的虐杀，有的逃之夭夭，城里十室九空，以至于宰相找遍整个城市，也找不到一个女子。他怀着恐惧、忧愁的心情回到相府。

宰相有两个女儿，长女叫桑鲁卓，二女儿名叫多亚德。桑鲁卓知书达礼，仪容高贵，读过许多历史书籍，有丰富的民族历史知识。她收藏有上千册的文学、历史书籍。见到宰相忧郁地回到家中，桑鲁卓便对他说："爸爸！您为何事愁眉不展，为什么忧愁烦恼呢？"

宰相听了女儿的话，告诉了女儿一段故事——

在从前的萨桑国，老国王仁德义勇，拥有一支威武的军队，宫中婢奴成群，国泰民安。

国王有两个儿子，都是勇猛的骑士。大儿子山努亚比小儿子萨曼更英勇，令敌人闻风丧胆。

大儿子山努亚继承王位后，由于秉公执政，深受老百姓拥戴。萨曼则被封为撒买干第国的国王。兄弟二人秉公谦明地治理着国家。国家不断繁荣富强，人民过着幸福的生活。

一天，国王山努亚思念弟弟，派宰相前往撒买干第去接弟弟萨曼前来相聚。宰相领命，启程动身，很快来到撒买干第国土。

见到萨曼，宰相转述了国王山努亚的致意，说国王想念他，希望他去萨

---

① 刘晓菲：《国王山努亚和他的一千零一夜》，哈尔滨：北方文艺出版社，2013年。

桑国看他。

萨曼随即回答说:"遵命。"

于是萨曼国王准备好帐篷、骆驼、骡子,分派了仆从,把国政委托给他的宰相,然后就动身出发。走了不远,他想起礼物遗忘在宫中,便转身回宫去取。不料回到宫中,他却看见王后和乐师们挤在一起,又是弹唱,又是嬉戏。萨曼国王见此情景,眼前顿时漆黑一片。

他想:"我还未走出京城,这些贱人就闹成这样,要是我这一去住久了,这些贱人不知会闹出什么事呢!"想到这儿,他拔出宝剑,一下杀了王后和乐师,然后怀着悲痛的心情,匆匆离开了王宫。一路上,他率领人马,跋山涉水,向萨桑国行进。

快到京城时,萨曼派人前去向哥哥报信,山努亚国王迎出城来,兄弟俩见面后,彼此寒暄,十分高兴。山努亚在宫里为弟弟专门装饰了房间,天天陪他一起谈心。

萨曼却心情忧郁,他被妻子的所作所为而困扰,整日闷闷不乐,一天天憔悴、消瘦下去。山努亚以为弟弟为离愁困扰,因而并没有多问。但终于有一天,山努亚忍不住了,问:"弟弟,你一天天面容憔悴,身体消瘦,到底是为什么呀?"

"哥哥呀!我内心的痛苦是难以言传的。"萨曼对自己的遭遇守口如瓶。

"好吧!我们一块儿去山里打猎去,也许能消愁解闷呢。"

萨曼不愿去,山努亚便独自率领人马到山中去了。

萨曼一个人留在宫中。他居住的宫殿的拱廊对面是山努亚的御花园。那天他凭窗远眺,只见宫门开处,二十个宫女和二十个奴仆鱼贯走入花园,萨桑国尊贵的王后也处身其间,打扮得娇艳夺目。她们在喷水池前依次坐下,饮食歌舞,直玩到日落时分。

萨曼见状,不觉诧异,心想道:"比起这个来,我的灾难可算不上什么!"因此,他的苦恼便烟消云散。于是他开始吃喝,恢复了精神。

山努亚打猎回宫,和弟弟小叙言欢,看见他一下子变得红光满面,食欲也旺盛了,感到奇怪,于是便问道:"弟弟,怎么你的脸色一下变得红润光彩了,这到底是怎么回事?请告诉我吧。"

"前几天,我脸色憔悴,我可以把其中的原因告诉你,现在恢复正常的原因,我却不能告诉你。请你原谅。"

"好的,你先把你憔悴、消瘦的原因说给我听吧。"

萨曼告诉哥哥他妻子背叛他的事,但山努亚并不满足,他追问道:"你应

共生哲学读本
GONGSHENG ZHEXUE DUBEN

该告诉我你恢复健康的原因。"

萨曼不得已，把他看到的情景一一讲出。山努亚听了，对弟弟说："我要亲眼证实这一切。"

"如果你装作再一次率领人马进山打猎，然后你悄悄转回宫，藏在我这间屋里窥探，你就会看到真相的。"

国王山努亚果然立刻下令进山打猎。

他率领人马到郊外宿营后，在帐篷里悄悄吩咐侍从："别让人进来。"随即悄然转回宫去，藏入萨曼屋里。他凭窗而坐，一会儿后，便看见王后和宫女、奴仆们姗姗走进花园。

她们在一起嬉笑歌舞，直到日暮。这情景，跟萨曼所说的毫无差别。国王山努亚看了，气得几乎发狂，气愤之余，他对萨曼说："弟弟，我们王国里发生了这种事，我们可没脸再当国王了。走吧，出去散散心，到别处去看看，去看一下世间还有谁比咱们更不幸呢？若是没有，那我们还不如死掉算了。"

萨曼非常赞成山努亚的主意，于是，兄弟二人在一个晚上，悄悄地从后门溜出王宫。他们跋涉了几天几夜，到达一片紧邻大海的草原，他们坐在一棵大树下乘凉，喝泉水解渴。大约一小时后，海上突然掀起了风浪，顿时波涛汹涌，海浪里升起一根黑柱，直升上天空。兄弟二人见此情景，吓得魂飞体外，一溜烟爬到一棵大树上躲藏起来。顷刻间，海面上升腾起一个体格壮硕、脑袋庞大、肩阔如山的妖魔。只见他头上顶着一个箱子，冉冉升出海面，来到陆地上。他一直走到山努亚兄弟藏身的那棵大树下面坐下来，然后打开箱子，从里面取出一个非常窈窕的绝色女郎，这女郎满面带笑，仿佛是初升的太阳，正如诗人所说：

> 当她以光明贯穿黑暗，灿烂的白昼将出现。
> 她洒下辉煌，让万物染上面纱。
> 在她的彩色中，太阳将更光彩。
> 揭开帷幕，她顷刻现身，宇宙会向她跪下。
> 当她电光般的目光闪烁，泪水便犹如暴雨倾下。

魔鬼怪诞地嬉笑，望着女郎说："娘子啊，我需要休息，让我睡一觉吧。"于是他躺下去，头枕着女郎的腿睡了。

女郎抬起头，看见躲在树上的两个国王，便把魔鬼的头轻轻托起来，移到地上，然后马上爬起来，走到树下，望着他俩，比划手势叫他俩下来。

"不用怕。"她说。

他俩回道："求你宽容，别叫我们下来吧。"

"你们马上下来吧！不然，我会立刻叫醒魔鬼，让他狠狠地杀死你们。"

山努亚和萨曼受到女郎的威胁，非常害怕，从树上爬下来。女郎走向前，吩咐道："过来，让我们高高兴兴欢愉一番吧，否则，我会让凶狠的魔鬼杀死你们。"

山努亚恐惧地对萨曼说："兄弟，你去跟她混一下吧。"

"不，除非你先去。"萨曼不愿去，兄弟俩都拒绝女郎的要求。

"你们挤眉弄眼地做什么？"女郎生气了，"再不来的话，我马上唤醒魔鬼！"

因为害怕，山努亚兄弟俩只得按女郎的吩咐做了，女郎达到了目的。她让山努亚和萨曼坐在一边，从口袋里掏出一个袋子，从里面取出一串戒指，足足有 570 个。她让他俩看戒指，并指着戒指问道："你们知道这些都是从哪儿来的吗？"

"不知道。"

"这些戒指的主人都是在这个魔鬼睡觉的时候碰上我，跟我做过爱的。现在该你俩送戒指给我了。"

山努亚和萨曼不得不按女郎的指令，脱下手上的戒指，递给她。

女郎收下戒指说："这个魔鬼，在我新婚之夜把我抢来。他把我藏在匣子里，把匣子装在箱子中，然后用七道锁锁上，放在波涛汹涌的海底。这是因为他知道，我们妇女要干什么事是什么都挡不住的。正如诗人所说：妇女不可信赖，不可信任，她们的喜怒哀乐，在她们的爱欲中……"

山努亚和萨曼听了女郎如此直露的话，感到无比惊恐。两人悄悄耳语："这个神通广大的魔鬼，尚且被一个女人欺骗，而且上他的当，可见，比我们可悲的人多着呢。如此说来，这倒使我们宽慰解气了不少。"于是兄弟二人离开了女郎，启程回家。

他们艰难地行走了几昼夜，终于平安回到萨桑王国。他们进入王宫，杀死不守规矩的王后和奸险的宫女、奴仆。从此，山努亚深深地厌恶妇女，存心报复，他开始每天娶一个女子来过一夜，次日便杀掉再娶，完全变成了一个暴君。

桑鲁卓听了父亲讲的故事，说道："爸爸，我要嫁给国王！或许我进宫后，可以设法和他长久生活下去。我要拯救千千万万的女子呢。"

"不！你千万不能去冒险。"

"从现在的情况看，不这样做不行呀。"

"你这样固执，难道不怕遭到水牛和毛驴一样的命运吗？"

"爸爸，水牛和毛驴遭遇了什么？请讲给我听听吧。"

"好吧！"

从前，有个商人，他不但家底丰厚，本钱充实，而且喜欢鸟兽，懂得鸟兽的语言。他和妻子儿女们一起住在一个小乡村，养了一匹毛驴和一头水牛。

一天，水牛来到毛驴的厩里，看见毛驴全身被洗刷得干干净净，躺着养神，舒适清闲，驴槽里堆着铡细的草和煮熟的糠糟。毛驴的生活非常轻松，商人平常有事，就骑它出去跑一趟，一小会儿就回家了。水牛对毛驴的待遇不由得羡慕，于是就和毛驴谈起心来。商人听懂了它们谈话的内容。

只听水牛对毛驴说："恭喜你，你一天到晚清闲舒适，主人不仅照顾你，并且给你吃精细的草料。即使他让你干活，也只是骑你出去走一趟便转回来了，而我却一天到晚地劳碌，做完田地里的活，晚上还要在家里推磨。"

"你呀！农夫牵你到田里的时候，你不要他给你上轭，只管蹦跳。"毛驴给水牛出主意道："他要是打你，你就滚到地上不起来；要是他牵你回家，你什么东西也别吃，装出疲惫可怜的样子，你只需绝食三天，就可以不干重活，像我一样，过安闲的日子了。"

当天夜里，水牛果然只吃了一点儿草料。

第二天一早，商人的农夫牵牛耕田，牛表现得疲惫不堪。农夫不由叹道："唉！这都是因为它干活太多太重了！"他马上去报告商人，说道："报告主人，水牛昨晚没吃一点东西，现在已半死不活地躺在厩里，不能干活了。"

商人懂得兽语，当然明白是怎么一回事，对农夫说："去吧，让毛驴代替水牛耕地好了。"

毛驴耕了整整一天地，到傍晚才回来。水牛对此感激不已，因为有毛驴的代劳，让水牛休息了整整一天，可毛驴却懊丧极了。

次日清晨，农夫照例牵着毛驴去田里继续耕作，很晚才回家。毛驴的肩头磨破了，累得有气无力，水牛见了它，又可怜又感激，不停地夸它，对它说好话，毛驴哀叹着，想道："这下主人可要叫我一直干到底了，我这不是自找苦吃吗！"

然后它对水牛说："我要提醒你，主人说了，水牛起不来了，不如把它送到屠宰场宰了吧。我真担心你啊！你赶紧想办法保全你的性命吧。"

听了毛驴的忠告，水牛非常感激，打起精神说道："我要恢复正常了。"于是它一跃而起，像个饿死鬼似的，大吃大嚼起来。

毛驴和水牛的谈话，也一样被商人听到了。

第二天早上，商人和老婆一块儿往驴厩里去，农夫正好牵了水牛去耕田。水牛一见主人，便抖擞起精神，甩着尾巴，显示出快活而精壮的样子。商人见了，不禁哈哈大笑，笑得几乎摔倒。他老婆莫名其妙，问道："你笑什么呢？"

"这是一个秘密，但我不能泄露，因为一旦泄露出去，我就会一命呜呼的。"

"我不管你的性命，但你为什么发笑，你必须把理由告诉我。"

"我不能泄露秘密，因为我怕死。"

"你肯定是在奚落我。"

商人老婆唠唠叨叨，非要商人讲出发笑的原因，商人难以忍受，只好准备把这些对老婆讲了。他叫儿子去把法官和证人请来，决心当众写下遗嘱，把秘密讲出来，就去死掉。他不愿老婆受委屈，因为他老婆是他叔父的女儿，也是孩子们的母亲，所以他只好牺牲自己的生命。他一向宠爱她，何况他已经活了120岁了。当时他请来亲戚朋友和邻居，向他们说明了自己的情况：一旦他把秘密泄露出来，生命立刻终结。到场的亲友们纷纷劝说他的妻子"你放弃这个要求吧，否则，孩子们就要失去父亲，你就会没了丈夫。"

"不，我不放弃。不管他会怎样，我都要知道这个秘密。"

她固执己见，亲友们不由得面面相觑，无话可说。这时商人站起来，离开亲友，前去沐浴，他准备好要泄密而死。

他家里还养了一条狗、一只雄鸡和五十只母鸡。经过鸡棚时，他听到那条看家狗用责备的口吻对雄鸡说："主人要死了，你有什么高兴的？"

"这是怎么回事？告诉我吧。"雄鸡问。

狗把有关一切的来龙去脉说了一遍，雄鸡听后，说道："主人怎么这样想不开呀！像我，有五十个妻子，想不要谁就不要谁，主人才不过一个老婆，就管教不了！他应该折上几根桑树条，把她关起来痛打一顿，即使不打死她，也得叫她认错悔过，再不敢为所欲为呀。"

商人受了启发，于是去折了些桑树枝条，藏在房里，然后对他老婆说："来吧，我这就把秘密告诉你，让我死在房里，免得别人看见。"

老婆进了房，商人立刻关上门，拿出桑树条，一下接一下地抽打她，打得她只顾讨饶，一个劲地说："我错了！我忏悔！宽恕我吧！"

她跪在地上，不停地吻丈夫的脚。夫妻两人又和好如初。

桑鲁卓听完宰相的故事，说道："爸爸，虽然驴子为了拯救水牛而自己遭了殃，但现在是人命关天的大事呀，所以您一定要送我进宫去。"

宰相无法制止女儿的行动，只好准备送女儿进宫，完成国王给他的使命。

临走前，桑鲁卓对多亚德说："妹妹，我进宫后，就让人来接你，你来到我面前时，就对我说：'姐姐，请讲一个故事给我听。'这样，我们就可以快快乐乐地过上一夜了。我会趁机讲一个动人的故事。我的故事也许能救活很多人的命呢。"

宰相很不情愿地把女儿送进王宫。

国王一见这美丽绝伦的姑娘，顿时喜不自禁，当场就奖赏了宰相。桑鲁卓一见国王，就开始悲痛地哭泣。

国王问道："你为什么伤心？"

"主上，我有个妹妹，希望主上施恩让我和她再见一面，最后告别。"

国王已被姑娘迷住了，当即就答应了她的要求，派人接来多亚德。多亚德来到宫中，看见姐姐，高兴地和她拥抱，她俩一块儿坐在床边谈笑。多亚德说道："姐姐，你非给我讲个故事不可，让我们快快活活地过一夜吧。"

"只要威望服人的国王允许，我可是非常愿意讲的呀。"

国王原本一直情绪不宁，无法入睡，听了桑鲁卓姐妹的谈话，引起了他听故事的兴趣，便欣然应允。

于是，姐姐就给妹妹讲了一段故事。

桑鲁卓是个非常会讲故事的姑娘，她讲的故事一下子就吸引了国王山努亚和妹妹多亚德，但正讲到最精彩时，雄鸡叫了起来，天开始亮了，她马上停住不再讲下去。妹妹多亚德说道："姐姐！你讲的这个故事太动听了！多么有趣呀！"

姐姐桑鲁卓说道："若蒙国王开恩，让我活下去，那么，下一夜我还有比这更有趣的故事讲呢！"

国王听了这话，暗想："这故事确实挺吸引人的。我暂且不杀她，等她讲完故事再说吧。"

第二天清晨，国王临朝，宰相准备好了寿衣，本以为会替自己的女儿收尸，可国王却埋头处理政事，忙于发号施令，一直到傍晚，国王也没吩咐他去再找一个女子来过夜。宰相对此感到非常吃惊。

第二天夜里，宰相的女儿桑鲁卓继续讲她的故事，直到雄鸡高唱。末了，她说："若蒙国王开恩，让我活下去，那么，下一夜我的故事比这还要精彩得多呢！"国王又同意了。

这样，桑鲁卓每天讲一个故事，国王每天都想："我暂且不杀她，等她讲完故事再说。"

　　日复一日，桑鲁卓的故事无穷无尽，一个比一个精彩，一直讲到第一千零一夜，桑鲁卓一共讲了一千零一个故事，终于感动了国王。他说："我决心不杀你了，你的故事让我感动。我将把这些故事记录下来，永远保存。"

　　于是，便有了这本《一千零一夜》。

# 鳄鱼和牙签鸟[①]

　　鳄鱼是很凶残可怕的动物，可它也会遇到困难，比如今天，它正在吃"大餐"的时候，牙缝里突然塞进了东西，难受得它马上没有了食欲，很长时间它都感觉牙齿不舒服，隐隐作痛。

　　这时候，飞来了一只小鸟，它有着小巧的身子和尖利的嘴，此时正饥肠辘辘寻找着食物。可它身体太小，发现的食物总是被别的动物先抢走，鳄鱼齿缝间的食物残渣，此时在它眼里，如同上等的美食。

　　于是小鸟对鳄鱼说："我叫牙签鸟，可以帮你把牙齿里的东西啄出来，但是我害怕你会把我吃掉。"

　　鳄鱼想了想，回答道："如果你能答应我以后定期帮我清理牙缝里的东西，我可以保证不吃你！"

　　就这样，牙签鸟和鳄鱼达成了"和平协议"，随着时间的推移，它们变成了密不可分的"好朋友"。

　　初听到这个故事的人，可能会不理解鳄鱼的行为，为什么送上口的美餐也不吃？其实原因很简单，因为鳄鱼需要这个身体小却很"能干"的合作伙伴来帮它清理口腔及牙齿中的残留食物，以免除口腔疾病的困扰。而牙签鸟又为何冒险去当鳄鱼的"口腔清洁师"呢？因为它需要食物，鳄鱼齿缝间的

---

　　①　佚名：《鳄鱼与牙签鸟的共生之道》，人生哲理网，http://www.6w8.cn/。

腐肉正好可以当做它的美食，让它美美地吃上一顿。它们之间互惠互利的行为，在经济学中，可以用"正和博弈"来形容。

"正和博弈"又叫做合作博弈，是指合作双方或多方利益均沾，都获得期望中的利益，而没有使任何一方受到损害，是一种互利多赢的博弈。实际上，"正和博弈"是指在能接受的条件下，合作多方都进行了妥协和让步而达成的共赢局面。

# 动物的"共生"现象[①]

有一些动物之间不是你争我斗，而是和平共处的。动物学家称这种现象为"共生"，也就是"共同生存"之意。

欧洲的寄居蟹就是"共生"现象中一个典型的例子。寄居蟹的身体较为柔软，所以，它总是寻找一个坚硬的海螺壳作为房子住在里面。在海螺壳中，还有另一位无可奈何的房客——沙蚕，它一般是在寄居蟹搬来之前就被困在了海螺壳当中。寄居蟹会和沙蚕同居共食，成为非常好的邻居。

还有一位房客，寄生的海葵也会搬过来凑个热闹，不过，它一般在海螺壳的外面过宿。当寄居蟹另外发现了较大的海螺壳搬走后，沙蚕和海葵又会和新搬来的寄居蟹同住。

奇怪的是，寄居蟹既不会吃掉沙蚕，也不会赶走海葵。据说，寄居蟹不赶走海葵是因为海葵能起到"保护"作用。海葵的触须尖锐，能赶走前来袭击的敌人，保证同屋共住房客的生命安全。

另一种和平共处的海洋动物，是与鲨共同生活的热带鲫。热带鲫用头部吸附在鲨的身上，专门帮鲨捕捉鲨皮肤上的寄生虫，鲨对此当然十分满意。有时，鲨会将自己吃剩的猎物的碎屑留给热带鲫。很难想象，性情暴躁的鲨竟能和其他动物如此友好地共处。

在欧洲和亚洲的河流里，傻傻和贻贝的关系相处得也很好。每年4月，雌傻傻鱼准备产卵时，雄傻傻鱼便会把它领到一只贻贝前，让雌鱼将卵产在贻贝的吸管里，卵由雄鱼授精后，在贻贝的壳中慢慢孵化。

另一方面，贻贝也会在傻傻身上养育后代。在傻傻产卵时，贻贝也排出幼虫，附在傻傻的尾巴或鳍上。傻傻也十分友好，它会用皮慢慢将这些小客人盖住。3个月后，幼虫就会完全发育成贻贝了。看来，傻傻与贻贝的合作基础是为了相互协作哺育下一代。

陆地上也存在许多"共生"现象，特别是最大与最小的动物之间，比如绿豆大苍蝇、蜣螂和蚂蚁身上都有许多虱子寄生，它们以主人嘴边的食物残渣维持生命。

许多鸟类都喜欢骑在别的动物身上，这对双方都有好处。红蜂虎通常骑

---

① 梁祖霞：《动物的"共生"现象》，《科学启蒙》1996年第1期。

在南非的鸨背上，穿越非洲热带稀树草原的高原区。

鸨身高3米多，急行时会惊起苍蝇和其他昆虫，红蜂虎就伺机出动，每次都有很大的收获。

同样，爱站立在水牛、羚羊、斑马或犀牛背上的牛背鹭，也在这些大动物行走时捕捉被惊起的昆虫。这样既能使牛背鹭经常获得食物，又使水牛等动物免遭毒虫的骚扰。

除此之外，牛背鹭还有另一项重要服务。当有危险动物接近它们，威胁到动物们的安全时，牛背鹭会展翅飞向天空，拼命扇动双翼，以此向自己寄宿的朋友发出警报信号。

啄牛（一种乌鸦）与水牛的关系也极为密切，它以捕食侵害水牛毛皮的虱子为生。有些啄牛与水牛简直形影不离，甚至连求爱及交配都在水牛背上完成。

最奇特的共存实例，大概是行鸟与非洲鳄之间的合作了。非洲鳄是一种极其凶恶的爬行动物，鳄嘴所及之处，一切生物都难以逃脱。但行鸟却担任了非洲鳄的"牙医"工作，它把长嘴探入鳄的巨口内，替鳄清理塞在牙缝中的食物屑。

以上大部分动物之间的合作，实际上都是为了彼此的方便，但蚂蚁与蚜狮之间却不同。蚜狮靠吸食植物汁液为生，在吸取汁液的时候，它会留下一种叫蜜露的黏性物质，这种黏性物质是一种蚂蚁最爱吃的美食。

为了让蚜狮多产一些蜜露，蚂蚁就像牛奶场的农夫一样，不停地用触须轻拂蚜狮，这种舒服的感觉会令蚜狮产出更多蜜露。

到了秋天，蚂蚁开始收集蚜狮的卵，放在蚁穴中细心加以照料。等到春天来临，蚜狮孵出后，蚂蚁会把它们送到地面，让它们继续生产自己所需的食物。

# 和谐共生之道：青田稻鱼共生系统[①]

民以食为天，食以农为本。在农耕社会中，"食"最基本的来源便是农业。故在中国历史上，自古便强调以农立国。农业是否具有可持续发展的能力，将直接关系到人类社会的世代繁衍和可持续发展。在当下，科技进步可谓突飞猛进。科技的进步在给人类社会带来便利的同时，也给人类带来了许多不得不面对的棘手问题，如化学制品的泛滥所导致的生态失衡、基因突变、大气污染；化肥与农药的大量使用所带来的土地板结、肥力下降以及有毒物质严重超标等一系列问题。这些问题的出现，已经严重威胁到中国农业的可持续发展。

联合国粮农组织在 2002 年"世界可持续发展峰会"上提出"农业文化遗产"概念，并着手启动"全球重要农业文化遗产地"保护试点工程。在粮农组织的号召下，各国开始了积极的普查与申报工作，农业遗产的保护工作至此进入到一个新的发展阶段。"世界可持续发展峰会"是对 1972 年在斯德哥尔摩召开的"联合国人类环境会议"以及 1992 年里约热内卢召开的"联合国环境与发展会议"的一次回顾与展望，其会议主题主要是围绕环境、资源与可持续发展而展开的。

"全球重要农业遗产"保护试点工程是在全球商讨"世界可持续发展"的背景下提出的，工程启动的目的，就是试图通过全球重要农业遗产地的保护来促进人类与自然的可持续发展，联合国粮农组织所制定的遗产地评选标准也清晰地凸显了这一点。

2002 年，联合国粮农组织发起"全球重要农业文化遗产保护试点"工程，独立的农业遗产名录体系得以建立。浙江青田稻鱼共生系统有幸成为第一批全球重要农业文化遗产试点。

青田县，地处浙江省东南部，瓯江中下游。位于东经 119°41′~120°26′和北纬 27°56′~28°29′之间，东接温州、永嘉，南连瑞安、文成，西临丽水、景宁畲族自治县，北靠缙云，全县总面积 2 493 平方公里，有"九山半水半分田"之称。位于浙江省丽水市青田县城西南部的龙现村，山水秀丽，气候宜人。全县稻田养鱼历史可追溯到 1 200 多年以前，2004 年稻田养鱼面积 10 万

---

[①] 徐晓：《和谐共生之道：青田稻鱼共生系统》，《文化月刊》2014 年第 19 期。

多亩。悠久的历史赋予这一系统丰富的文化底蕴，配合稻鱼共生生态景观和优越的自然条件，形成了完备的农业文化遗产旅游资源体系。

龙现村是青田县一个普通的小山村，同时也是青田稻鱼共生系统的核心保护区。原名"龙谷"，之所以改名"龙现"是因为传说村中曾有真龙出现。关于龙现村的历史，通过《延陵吴氏宗谱》便可略知一二。《延陵吴氏宗谱》记载："库村畦公第十七世孙叔远公于宋末约一二七零至一二七九迁徙至龙谷，垦山筑田，构屋建舍。""迨至十七世叔远公知识地理觅得青田之龙现定居，相传古时有龙现深渊而得名，其地东有奇云西有双尖，层峦耸秀于后，清泉迂回其间，风景优美。"龙现村不止山水秀丽，气候宜人，其特殊的自然环境和生态系统也造就了颇具地方特色的农业生产模式——稻鱼共生系统。有关这一生产模式的历史，族谱记载已有 700 多年，但何时、何人、如何创造如此生态环保的生产模式，族谱中没有详细的阐述，只是从村里老人讲述的古老传说中得知。老祖宗迁徙到龙现村的时候，没有稻谷等可以充饥的粮食，只有山溪中的鱼可以食用，于是鱼变成了龙现村村民生活中不可或缺的食物。

在现代化的巨大冲击下还能保持传统的生产模式，足以证明这种生产方式对当地百姓的贡献之大，也证明了稻鱼共生系统存在的科学性与合理性。

2010 年，青田稻鱼共生系统顺利被纳入"全球重要农业文化遗产"名录。龙现村是青田稻鱼共生系统的重要基地。稻鱼共生系统，不仅是当地百姓生活资料来源，更饱含着丰富的生态价值和经济价值。龙现村的稻田养鱼主要有以下几方面的优势：

第一，龙现村，地处偏远，四面环山，村里少有平谷，耕地甚少。借田养鱼，可以节约水面、土地，让有限的耕地得到充分的利用。

第二，村里的生活用水和生产用水都是山泉活水。龙现村对于山林的保护有着约定俗成的规矩，虽然不及宪法等国家法律那般严谨，但却有力地约束着世世代代在这里生活的村民。也正是因为这份渗透到骨子里的乡约，使得龙现村的山林得到有效的保护，保证了活水的质和量。活水流经田间，保证了鱼对氧气的需要，有力地促进了水稻和鱼的生长。

第三，稻田养鱼，直观上改变了单一的生活资料获得方式，使农民在有限的耕地上能够同时收获水稻田鱼，既保证了温饱又解决了营养问题。

第四，稻田里的鱼能够消灭掉田中的稻飞虱等害虫，吃掉杂草，这样就减少甚至避免了农药的使用，确保了生态环境安全。浙江大学的陈欣老师曾经带领她的学生做过实验，实验数据表明水稻单作系统的用药量高于稻鱼共生系统，但两者的水稻产量却没有大的差异。

第五，鱼在水中游弋，能够松动土地，有利于水稻生长；而鱼粪直接排到稻田里，又可以给稻田增加养分；同时稻田可以给田鱼提供一定的食物，达到一个节省人力、物力又增加收入的双赢局面。

第六，看似普通的稻田其实是一座座小水库，其对于水土保持、维持当地的生态平衡有着不可估量的价值。当地的老人讲述，自家族移至此后，只在康熙年间发生过一次大的山体滑坡，之后再无大灾害发生。

农耕文明所体现出来的人与自然和谐共生的"天人合一"之道，是中国劳动人民一直追求和探索的生存之法。

# 透视冰岛：人与自然共生之道①

在冰岛宣布"国家破产"一年多后，我踏上这个颇有争议、备受猜疑的神秘国家。鉴于"国家破产"，我曾一度担心冰岛人的日子过不下去。这次在冰岛亲眼所见却是：无论城乡，家家户户有两部轿车在跑，轮船还在向大西洋、北冰洋里开，伸到大洋上的首都大剧院还在建，总统也在骑着自行车到处转，社会依旧稳定，人心依然安宁。一位官员对我说："我们过去头脑过热，现在冷静多了。"一位老板对我说："我们过去太挥霍，现在知道应当节约了。"看到冰岛人镇静应对经济困难，我把注意力转移到了另一个令人揪心的问题——自然灾害上。

## 坐在火山口上的冰岛

公元 8 世纪末，第一位发现冰岛的爱尔兰修道士，将这一坐落北极圈附近、拥有欧洲最大冰原的岛屿命名为"冰岛"。不过，由于受大西洋暖流的影响，冰岛与同样纬度的地区相比，气温要高得多，而且冰岛有丰富的地热资源，有地热的地方冬天的地表都很烫手。此外，冰岛还拥有为数不少的相当活跃的活火山。冰岛是坐落在火山口上的国家，面积不过 103 000 平方公里，居然有 200 多座火山，其中活火山又占了 30 多座，也就是说，平均每走 30 多公里就能见到一座火山口。其实，岛屿本身就是因为火山不断爆发才从海里冒出来的，冰岛人因此形象地称自己的国家为"冰火之国"。

持续不断的火山爆发给冰岛人带来了巨大灾难。远的暂且不说，仅从 2010 年 3 月位于冰岛南部埃亚菲亚德拉冰盖附近的火山爆发来看，火山喷发使得冰川融化形成洪水，当地河流水位猛涨 3 米。大量的火山灰和烟尘使得欧洲航空陷入瘫痪，旅客滞留。在我踏着火山灰到达火山附近时，虽然喷发已经减弱，但是看了火山口的直径，仍能想象出爆发时的凶猛。

在冰岛东南部，北纬 62°59′06″、西经 22°36′20″的地方，我见到了一座断桥。两截各有几十米长的铁桥，像立起的麻花一样，朝上拧在一起，抱在一块。"麻花断桥"是怎么形成的？我们在冰岛看了相关的纪录片：1996 年 10

① 邓伟志：《透视冰岛：人与自然共生之道》，《社会观察》2010 年第 11 期。

月 2 日，冰岛东部瓦特纳冰原区的一座活火山开始爆发。火山喷出的火山灰高达 5 000 米，造成的冰川裂缝有 10 公里长。最大的冰块长、宽、高各有 20 米，粗略计算不会少于 8 000 吨。8 000 吨的冰块先把 376 米长的长桥一劈为二，接着，其他的冰块再进一步把铁桥砸成三段、四段。其中有两段铁桥几经冲击，拧成了"麻花断桥"。

在冰岛我看到了另一座桥，建在一个地缝之上。这个地缝是欧亚板块与美洲板块交会处，资料介绍，地缝深 30 米，宽约 20 米。不过，深度每年要加深 2 厘米，宽度每年也要加宽 2 厘米。为了显示出两大板块不同，桥两边的栏杆做得不一样，一边的栏杆是网状的、一米多高的铝合金；另一边则是木制栏杆，两米多高。站在桥中间，我一只手握住了欧亚板块，另一只手就拉住了美洲板块。可是，当我读了木架上的说明书时，顿时心里凉了半截。已经有点倾斜的木架上写道："现在的这番景象，在你儿子或者孙子再来这里时，将不复存在了。"告示告诉我们：当两大板块分离到一定程度时，火山将会爆发，这里将化为灰烬。

## 自然灾害前的冰岛经验

冰岛火山呈现在我面前的现在式、过去式、将来式，都令我触目惊心，久久不能平静。而地理和生态环境并不乐观的冰岛人是如何坚强地应对火山和大自然提出的其他的严峻问题的？冰岛之行的日夜，我在提问，也在追寻着答案。

第一，顺其自然是冰岛人的基本选择。对于火山爆发，人们惹不起，但能躲得起。火山口上不能居住，就到远离火山的地方去住。冰岛一边是大西洋，一边是北冰洋，有将近 9 000 公里的海岸线，到大洋边上的港湾居住是不错的选择。实在不便远离的，他们就背着火山依山而居。如果火山岩流过来，只会擦肩而过，不会流进家门。山多、弯多不便通火车，他们就不修铁路，因地制宜修公路，并发展航空事业。不宜建高楼，冰岛人就大多住平房，极少数城里人住楼房，即使楼房，也多是两层。冰岛土地为"月亮地"，类似月亮表面，全是坑坑洼洼的火山石，"月亮地"不宜耕种，冰岛人就不耕种、不搞农业，转而依靠海洋资源，搞起发达的渔业。

第二是利用自然。所谓"靠山吃山，靠水吃水"。冰岛有地热资源，早在 1928 年就在雷克雅未克建起了地热供热系统。多年来不断扩建，现已在全市铺设了 370 英里长的热水管道，建立了 10 个自动化热水站，为全市居民提供

热水与暖气。仅利用地热一项，他们每年便可节约开支几十亿冰岛克朗，而且因为使用清洁能源减少了对环境的污染。在雷克雅未克，看不到锅炉与烟囱，市容整洁，几乎没有污染，蔚蓝色天空下的城市显得格外清秀。在冰岛村村都有温泉游泳池，由于他们户与户之间距离较远，温泉成了邻里交往的场所，也成了温馨的大家园。

第三是变革自然。利用自然并未改变自然物自身的属性，变革自然是在利用中改变了自然物自身的属性。当然，这变革必须是在改变了自然界的某些本来面目，而又不至于引发自然界对人类的报复下进行的。冰岛人在月亮地上建起温室大棚种蔬菜，建起多种多样的建筑物。冰岛人把地热能变成了电能，所有这些都显示出他们变革自然的本领。他们从火山中升华出火山文化，提炼出火山科学。谁都知道，在 2010 年春天爆发的火山中，无一人死亡。究其原因，是他们的火山预报获得了成功。

第四是战胜自然。利用自然、变革自然本身就是战胜自然。战胜自然是利用自然、变革自然的高标准。多灾多难锻炼了冰岛人战胜自然的决心、信心和本领。中国人形容勇敢有一个词叫"骑鲸"。冰岛人就是敢于骑鲸、善于骑鲸的勇士。欧洲从法律上反对捕鲸，制裁捕鲸，这自然有他们的理由。可是，鲸鱼是冰岛人收入的重要来源，况且冰岛周围的鲸鱼很多，因为在鲸鱼的问题上，冰岛和欧盟意见不合，他们就坚决不加入欧盟。冰岛气候寒冷，可室内是反自然的，并不寒冷。热带、温带的人依照自然规律，坚持"日出而作，日落而息"。可是冰岛是三个月的连续白昼，九个月的连续黑夜，怎么办呢？冰岛人反其道而行之，变黑夜为"不夜"，日不出就作；把白昼当黑夜，日不落就息。因为肉眼很难判断时间，他们就村村设有时间柱。火山害了冰岛人，火山的反复出现也加深了冰岛人对火山的认识。冰岛对地热、火山的研究，在世界上居于领先地位。冰岛人用自己在变革火山中提炼出的火山科学，回过来指导人们变革火山。冰岛人有本事对火山引流，让部分火山岩流乖乖地听人指挥。

"多难兴邦"，极端严重的自然灾害造就了冰岛人极高的人文素质。冰岛没有军队，警察也很少，仅为人口的 1/600 到 1/1 000，因为冰岛的犯罪率极低。冰岛大学有在校学生 8 000 人，占很高的人口比例。社会文明为战胜自然灾害提供了条件，局部地战胜自然在冰岛已经变成现实。

# 仲德村：人与自然和谐共生①

乡城县青德乡仲德村位于县城以南，气候适宜，素有全县"粮仓"的美誉。这里风景迷人，座座白色藏房犹如朵朵白牡丹绽放在田间地头，与蓝天白云交相辉映，棵棵参天大树和条条通村公路点缀其间。冬季的阳光透过薄雾在群山峻岭间镶上了一道淡淡的金边。小桥、流水、石板、石凳……掩映在其中，构成了一幅美丽的田园风景画。

记者在村支部书记翁小丁真的陪同下，沿着干净的村道漫步乡间，"啊——拉——得——降——么——哟——打墙了，加油额……"村里的一角，村民们正忙碌地修着房子，边修边大声地唱着歌。

"这是我们自己编的歌谣，还取了个名字叫《打墙歌》。"翁小丁真捋了捋花白的头发，黝黑的脸在阳光下显得格外精神。他告诉记者，每年这个时候，村里都要维修房屋，不论哪家修缮，全村人都会主动去帮忙。为了增加村民修建房屋的热情，村民便自编歌谣来唱，《打墙歌》就这样诞生了。

村民们热火朝天地修缮着房子，这一间间白色的藏房是乡城的一大特色，也是仲德村的标志建筑。

白藏房的墙体以泥土的干打垒筑成，室内木柱密布，房子的大小以柱头多少而定，最少35根，最多的达到118根，柱子越多房子越大。一个白藏房一般三层或者四层，底层作为养猪养牛的畜圈，中层是住房，分为厅堂、经堂、客房和卧室。很多家庭的经堂内庄严肃穆，香烟缭绕，房屋正面墙的佛龛中，供奉着藏传佛教的佛像以及家藏的各种经书和宗教用品。

关于白藏房的由来，还有一个美丽的传说。很早以前，一位心地善良、纯洁美丽的仙女来到了乡城。她看到乡城藏房的土房墙全是黑幽幽的，与周围优美的环境极不协调，就朝硕曲河方向的藏房上播撒了观音菩萨给的"白土"。随手撒下的"白土"，有的撒在了墙上，有的撒在河边的岩石上。落在墙上的，墙立即变得雪白、纯洁；落在岩石上的，成了现在人们修筑新藏房用于粉刷的"白土"。

---

① 吴远胜、袁飞：《仲德村：人与自然和谐共生》，《四川党的建设（城市版）》2014 年第 2 期。

除了白藏房，这里有独具民族特色的藏族婚俗、服饰、饮食等文化风俗，还有四季不同的风情，春天的田园一片盎然，夏天的麦田像绿色海洋，秋天的硕果结满枝头，冬天的冰雪晶莹透明。被誉为"全州最美丽的乡村"的仲德村，欢迎你们一起来感受人与自然的和谐。

# 对生态文明的倡导与赞歌——《森林之歌》[①]

由国家林业局、财政部和中央电视台联合摄制的电视纪录片《森林之歌》，是我国首部大型自然类商业纪录片。所谓大型纪录片，是指题材广泛、包容量大、系统完整，具有高深的历史和审美价值，一般篇幅在 3 小时以上，并且能够构成一定规模传播效应的纪录片作品。之前我国虽拍摄有一些涉及自然、生态领域的纪录片，例如《野马的故事》《回家》等，然而这些并不能称得上是大型自然生态纪录片，直到《森林之歌》的出现，才填补了我国在大型自然类纪录片方面的空白。

《森林之歌》的主创团队在将近 4 年的时间里深入到人迹罕至的森林当中，记录我国原始森林的点滴面貌，创作出了这部总时长为 550 分钟、反映我国森林版图的大型自然生态纪录片，耗资达 1 000 万元人民币。总共 11 集的《森林之歌》，除了 3 集总论，其余 8 集各指向一片有地域特色、气候带特征的森林类型：秦岭自然保护区、长白山红松针叶林、新疆胡杨林、藏东南高山林地、海南热带雨林、云贵高原山地森林、武夷山竹林、海上红树林。这些原始森林，综合起来，能够大致反映中国森林的版图构成。

随着生态议题日益进入公众视野以及生态文明建设的不断推进，生态传播已经被提升到了一个重要高度，电视纪录片作为传播的重要形式，同时具有电视传播的普及性和纪录片传播的真实性、深刻性，理应成为生态传播的重要工具。在这一点上国外自然类纪录片已经走了很远的路并取得巨大的成功，《森林之歌》作为我国首部大型自然生态纪录片，在生态传播、反映生态文明方面亦有令人赞叹的成就。本文就以《森林之歌》的第三集"容颜篇"为例，分析其对生态文明的倡导。

在分析这一集纪录片之前，需要先阐释"生态文明"这个概念。那么，到底何谓"生态文明"？

在全国科学技术名称审定委员会审定公布的科技名词定义里，生态文明是指人们在改造客观物质世界的同时，以科学发展观看待人与自然的关系以

① 冯也倪：《对生态文明的倡导与赞歌——〈森林之歌〉》，《北方文学：下》2012 年第 5 期。

及人与人的关系，不断克服人类活动中的负面效应，积极改善和优化人与自然、人与人的关系，建设有序的生态运行机制和良好的生态环境所取得的物质、精神、制度方面成果的总和。也可以将其理解为，这是人类遵循人、自然、社会和谐发展这一客观规律而取得的物质与精神成果的总和，是以人与自然、人与人、人与社会和谐共生、良性循环、全面发展、持续繁荣为基本宗旨的文化伦理形态。也就是说，生态文明提倡尊重和保护自然，提倡人与自然和谐相处。

本文将从"容颜篇"的叙述内容、叙述手法、背景音乐等几个方面说明它对生态文明提倡的尊重和保护自然、人与自然和谐相处的反映与倡导。

"容颜篇"的前4分钟都是在做一个总的介绍，前两分钟是对《森林之歌》摄制地点、内容等关键问题的简要介绍，后两分钟是通过特效模拟地图直观地表现我国跨越的五个气候带，即《森林之歌》摄制组拍摄地点的分布范围，同时更重要的是说明了我国国土的幅员辽阔和森林版图的丰富多彩。接下来影片用一组同一时间段内不同气候带的森林类型景色的对比，来说明我国森林因南北跨度大、气候差异大而造成的森林类型的丰富与差异，然后自然地过渡到第一站的讲述，即对我国南部沿海的红树林的讲述。影片开始以从南至北的顺序，介绍了位于热带的海南清澜港红树林和海南尖峰岭的山地热带雨林、位于亚热带的西南山地原始杉树林和东南地区武夷山毛竹林、南北自然地理分界秦岭的亚热带与暖温带景观、位于东北寒温带的小兴安岭和长白山的红松林。然后把叙述内容转到我国西部，以从北到南的顺序，介绍了西部新疆地区阿尔泰山的西伯利亚泰加林、塔克拉玛干大沙漠的胡杨林、青藏高原的云杉林、藏东南南迦巴瓦峰的针叶林。至此，影片对我国森林版图进行了系统的介绍，并对之后8集的讲述做了铺垫。我国森林版图的丰富多彩、美丽迷人，让观众对我国的森林有了更为深入而全面的了解，在深深喜爱我国原始森林的同时从心里生出纯粹的自豪感，这便是《森林之歌》创作组的主要目的之一，因为这样，观众就会自然而然地生出对森林的喜爱与保护之情。

而深入去细看影片对每一个森林类型的讲述，就会发现影片对生态文明的反映与倡导更加明显。以第一站海南清澜港红树林为例，在介绍了红树林的主要生物形态后，影片对红树林的介绍，大部分是侧重于红树林在固持土壤、保护海岸、防风防浪、保护生态多样性等方面的作用和产生此作用的原

因。而后面对海南尖峰岛的山地热带雨林、西南山地原始杉树林和武夷山毛竹林、秦岭、小兴安岭和长白山的红松林的介绍也是如此，影片把叙述重点放在了这些森林类型在生态系统中的重要作用。阿恩·纳斯的深层生态学认为，生态系统中物种的丰富性与多样性，是生态系统稳定与健康发展的基础。因此，一切存在物对生态系统来说都是重要的、有价值的。从整个生态系统的稳定与发展来看，一切生命形式都有其内在的目的性，它们在生态系统中具有平等的地位。《森林之歌·容颜篇》的叙述内容，都侧重于森林在保护物种丰富性与多样性的重要作用和保持生态系统稳定与健康发展的重要地位，这切切实实地说明影片几乎无处不在反映并倡导生态文明。

深层生态学还十分赞赏大地伦理学创始人利奥波德的见解，即人类只是生物共同体的普通公民，而不是大自然的主宰和凌驾于其他所有物种之上的"大地的主人"。而"容颜篇"，正也体现了这样一种物种平等的观点，这从其叙事方法上便可看出。影片在叙述上注重故事化和拟人化，这除了增加趣味性、可看性以便观众接受之外，还体现了平等的观点，因为物种平等，画面里的植物、动物，都像是人一样，有情感、有它们的社会关系、有它们的语言，所以介绍给观众的时候，把它们放在和人平等的位置，将之表现在叙述上，便是故事化和拟人化。以解说词为例，"潮水退去后，泥滩里的另一种居民活跃起来。雄性招潮蟹忙着梳洗打扮，然后高高地挥舞大螯，展示着自己的力量。雌蟹是物质主义新娘，对洞房很是挑剔。它要先后视察一百多个洞穴，才会根据住房情况确定新郎的人选。这只雄蟹的新房看来没有达到婚姻的标准"，这是红树林部分的解说词，在用词方面，"居民""梳洗打扮""物质主义新娘""婚姻""高高地挥舞着大螯"等，都说明招潮蟹被放在和人一样的平等位置里叙述，体现了这种动物的有趣和可爱与创作者对它们的友好和尊重。

要让纪录片达到高度的艺术性和美学价值，以使观众产生心灵震撼，从而达到李义山编导所说的"希望这些美丽能够使人们减少一些对森林的破坏"的目的，背景音乐是十分重要的。"影视是视听的艺术。"影视艺术的声响可以产生本质上是诗意的新的艺术形式，大大拓展了影视艺术的空间和表现力，渲染情绪气氛，引发观众的联想向更深的审美层次转化。即便《森林之歌》经费紧张，但总导演陈晓卿仍然想办法请专人创作了《森林之歌》的主题曲和配乐，这首主题曲优雅清新，其余配乐亦优美动听，与精美的画面相结合，产生了极大的艺术感染力。这无疑对影片中关于生态文明的转播起到了重要作用。

综上所述，《森林之歌》填补了我国在大型自然类纪录片方面的空白，在影片内容、艺术技巧等方面均体现了生态文明的观点，并对其进行积极倡导。作为我国第一部自然生态纪录片，它是较为成功的。虽然它与国外的同类纪录片相比，依然存在很多问题，我国自然生态纪录片的发展仍存在很多限制因素。然而，目前我国的纪录片制作在生态传播发展道路中，积极探索自己的经验，初步形成了具有中国特色、符合国情的创作体系。相信有《森林之歌》这个良好的开头，我国今后还会产生更加优秀的自然生态纪录片。

# 纪录片《饮痛》震撼直击中国水危机实情[①]

饮痛：
北京已喝尽万米地下水
水祸围城

　　水，是启迪生命文明的资源，是追逐文明的牺牲者，还是文明毁灭的预言家？兰州地下水污染事件，让中国水危机重回公众视野。凤凰公益纪录片导演李非凡，历时一年，走访各地，调查制作纪录片《饮痛》。本片摄制组深入中国水危机数个核心现场与人物，震撼记录了中国水环境的严峻现实。

　　这是我们的故事，江河等待我们的选择，或者，等待消失。揭析其根本恶因，文明的本质不在于物质的无限增量，而在于对人类需求的反思与约束，以若水之心，渡人欲之患。或许，我们才能延续人类的故事。（以下为纪录片《饮痛》文字内容摘要）

## 邵文杰：我为祖国测污水　请让河流以自然的方式流淌

　　近年来，随着空气、土、水源等污染问题在公共舆论中持续发酵，越来越多的公益人参与到环保问题的调查与解决当中。其中，一位名叫邵文杰的年轻人，在水污染问题最被关注的时段，利用微博连续发布污染图文，并牵头发动"我为祖国测污水"的环保行动，呼吁以民众亲力亲为的方式，主动验证各地污染实情的数据信息，引发大批网友关注。

　　回顾自己连续六年的走水生涯，邵文杰，这个环境相关专业出身的年轻

---

① 李非凡：《纪录片〈饮痛〉震撼直击中国水危机实情》，凤凰公益网，http://gongyi.ifeng.com/。

人，切实体会到中国水危机的严重性。在他看来，触目惊心的污染现实是书本上的数据所无法表现的。作为自然大学"乐水行"活动的主要参与者，他遍访北京所有河流水系，亲赴全国各地水源污染现场，并对不良企业与个人的排污行为进行调查取证，将民间水污染监督的结果发布于网络公示。在他眼里，最简单却又最艰难的梦想是，在中国，能让所有的河流，以自然的方式去流淌。

调查估算，每年有 160 亿吨工业废水被企业偷排到地下，纵使亚洲最大的高碑店污水处理厂，日夜不休，也要 44 年才能消化这些废水。而国土资源部十年前的调查显示，中国 197 万平方公里平原区，浅层地下水不能饮用面积已达六成。

## 北京万米地下水已喝光  年人均水量仅够一个人活两年

张俊峰，十余年持续关注与研究北京水危机，2007 年发起"城市乐水行"活动，并已推广全国。每周带领公众、志愿者考察北京水环境，被誉为最了解北京水现状的民间水专家。对于北京水环境，张俊峰掌握着第一手素材。他表示，目前北京市的人均水资源量，每年只有不到 120 立方米。

如何看待这个数字？张俊峰打了一个比方："这 120 立方米的水资源量，仅仅够一个人为他自己生存使用两年的时间，也就这个样子。"据张俊峰调查，2004 年左右，北京挖采的地下水已至上万米深度，是平谷水矿水。那是地质年代需要几千万年才能形成的水，已全被喝光。还有一些地下水已无太多能力采取。北京浅层地下水作为农业灌溉尚可，但作为饮用水已不可能。

张俊峰表示，按照北京水资源供给量来算，北京地区合理的人口数量最大不能超过二百万，如果超过，对于北京地区生态就是一个负向的增加，就是一种破坏。那在这样一种状况之下，北京可能用任何办法都解决不了这个问题。或者说，我们现在所能想象的工程技术办法都解决不了这个问题。北京地下水位在不停地下降。南水北调即使成功，也仅够满足北京超采地下水超采的那部分。要是人口持续增加，水资源量持续减少呢？

"我觉得还是应该从文明角度，或者从文化角度去解决这个问题。从根源上去放弃我们对欲望的需求和渴望，我想才有可能从根本上彻底转变我们现在的这种生活方式。"张俊峰说。

## 长江上游大规模建坝浪潮：破坏生态环境加剧江河污染

被当地民众称为"牛奶河"的昆明市东川区小江，灰白色江水源源不断汇入金沙江，最终融为一体，向下游奔流。矿业公司私设暗管，将未经处理的尾矿浆排入小江。当地村民介绍，20 世纪 80 年代开始有大量尾矿水直排小江，几百亩庄稼早已被尾矿泥掩埋。江水虽是附近唯一水源，村民却没人饮用，亦不让牲口饮用。而用"牛奶河"浇灌的西瓜，却至今畅销于滇川各地。

溯流而上，金沙江蕴藏着长江四成的水力资源，仅够容纳四个巨型梯级电站，乌东德、白鹤滩、溪洛渡和向家坝，总装机容量已相当于"两个三峡"。这些动辄数以百亿投资的电站均已超过 100 层楼高，前一个水库的库尾，往往已是下一个水库的大坝所在，我们似乎"一寸水头都不放过"。加之旱情，金沙江水磨灭了昔日湍急的脾气，乏力地逶巡在山谷之间。人们习惯认为水电是一种清洁能源，因而大肆跑马圈水，而忽略了层层筑坝，将进一步削弱被污江河的自净能力，加剧污染。而大量的脱贫就业和经济收益，却让人难以割舍。

## 中国三亿农民饮用不安全水　一半城市地下水污染严重

环保部数据显示，中国有近三亿农村居民饮用不安全水源，20% 城市居民饮用水源地不达标。一半城市地下水污染严重，90% 城市河段受到不同程度污染，57% 的地下水监测点位水质较差甚至极差；七大水系除长江、珠江水质状况良好外，海河重度污染，其余河流均为中度或轻度污染。

而 2013 年，长江水利委员会水资源管理局公布的《长江水资源质量公报》显示，长江流域洞庭湖、鄱阳湖、巢湖等重点湖泊水质均为五类或劣五类，呈现富营养化。也就是说，上述劣五类水质的江河，正流淌着连普通景观用水标准都达不到的无用污水。

## 中国每年洗衣机消耗 300 个西湖　管网漏水够 4 亿人用一年

依照水利部的数据，中国 669 座城市中有 400 座供水不足，110 座严重缺水，32 个百万人口以上的特大城市中有 30 个长期缺水。参照近年中国用水数据，2010 年中国就用掉超过 6 个青海湖总水量，水消费总量已接近全国淡水储量的饱和。此外，我国万元 GDP 用水量是世界平均水平的 4 倍，每年仅洗衣机就能消耗 300 个杭州西湖，全国城市供水管网漏损的水够 4 亿人使用一年。

# 第三课
# 天下为公——共生之志

**引言** 主题与经典

"大道之行也，天下为公，选贤与能，讲信修睦。"

——《礼记·礼运》

康有为著《大同书》，提出破除国、级、种、形、家、产、乱、类、苦九界，实现"天下为公，无有阶级，一切平等，既无专制之君主，亦无民选之总统"的"大同之世"。我国近代伟大的革命民主主义政治家、思想家孙中山明确指出，中国五大种族扩充自由、平等、博爱于全人类，大同盛世则不难到来。习近平总书记强调，中国梦归根到底是人民的梦，必须紧紧依靠人民来实现，必须不断为人民造福。在朝着中国梦前行的道路上，我们必须坚持人民主体地位，坚持维护社会公平正义，坚持走共同富裕道路，坚持促进社会和谐。

# 第一节 天下大同

## 一、桃花源

一千六百多年前，晋代大诗人陶渊明写下《桃花源记》，从此以后，留下了一个令世人追逐的"世外桃源"。

在文章里，陶渊明勾勒出一处同现实世界隔绝的人间乐土，"土地平旷，屋舍俨然，有良田美池桑竹之属。阡陌交通，鸡犬相闻。其中往来种作，男女衣着，悉如外人。黄发垂髫，并怡然自乐"。诗人笔下的桃花源，没有剥削、压迫和战争，人们永远处于和平、宁静和温饱的环境中，过着无忧无虑的田园生活，对外部世界几百年来的王朝兴废、社会动乱一无所知。

早在《桃花源记》出现以前，关于理想社会的说法是"天下大同"。这个概念出自《礼记·礼运》："大道之行也，天下为公，选贤与能，讲信修睦。故人不独亲其亲，不独子其子，使老有所终，壮有所用，幼有所长，矜、寡、孤、独、废疾者，皆有所养。男有分，女有归。货恶其弃于地也，不必藏于己；力恶其不出于身也，不必为己。是故谋闭而不兴，盗窃乱贼而不作，故外户而不闭，是谓大同。"大意是，选出有贤能的人治理天下，人人友爱互助，家家安居乐业，没有差异，没有盗贼，没有战争。每个人都尊老爱幼，扶贫帮弱，那么晚上睡觉不用关门也不怕有强盗了。这就是儒家追求的最高

境界——"天下大同"，它代表着人类对未来社会的美好憧憬。

《桃花源记》在中国"大同"思想发展史上有特别重要的地位，它给"大同社会"勾勒出一个美好而宁静的形象。此后一千多年，幻想逃避现实社会苦难的人普遍地憧憬着"世外桃源"，它成了人间乐土的同义词。

## 二、乌托邦

乌托邦（Utopia）本意为"没有的地方"或者"好地方"，后来引申为"空想的国家"。"乌托邦"是空想社会主义创始人托马斯·莫尔（英国人）在他的名著《乌托邦》里虚构的一个与世隔绝的幸福岛的名称。那里实行共产原则：财产共有，人民平等，物质极大丰富，实行着按需分配的原则，大家穿统一的工作服，在公共餐厅就餐，官吏是公共选举产生。

三百年后的 1825 年，英国资本家欧文念念不忘"乌托邦"，跑到美国印第安纳州建了一个共产村，取名"新和谐村"。它吸引了来自欧洲和美国约一千人前来。其中有一批科学家来办教育，这是美国历史上著名的一次知识迁徙。欧文的儿子们也尽力协助他。欧文的其中一个儿子罗伯特·戴尔·欧文创办了《自由平等报》，用以向劳工阶层宣传新社会的理想。罗伯特还兼任新和谐村学校的老师。然而好景不长，欧文的一名合作者席卷了所有的资金逃走了。同时，村里的不少村民以为共产社会的千禧年已经到来了，便开始偷懒，瞅上空子便离开工作岗位去跳舞唱歌，以至于白白消耗了 80% 的新和谐村的生产利润。新和谐村最后仅存在了不到三年。当时受欧文感召建立的一批美国共产村，在 1830 年以后，都陆续消失了。

记住《乌托邦》美景的人，很容易忽略作者对乌托邦原则的质疑："在公有制下，人们不可能过着很富足的生活。当人们感觉工作不是为了自己，却可以享用他人劳动成果，谁还愿意努力工作？""大家都不努力工作，物质当然就不会丰富。……那里不可能如此理想，因为人的本性良莠不齐，要在短时间就改善人性，绝无可能。"早欧文三百年的摩尔，他对人性的洞察，准确预告了欧文很快失败的原因。

## 三、巴学园

故事发生在第二次世界大战结束前的日本东京。主人公叫小豆豆，一个因为淘气，一年级就被学校劝退的女孩。退学后，妈妈轻描淡写地对小豆豆

说："我们去一个新学校看看吧？听说那里很不错呢！"就这样，小豆豆来到一所名字怪怪的学校——巴学园。

第一次来到巴学园时，小豆豆就觉得小林校长很让人放心。校长先生说："把想说的话，全部说给老师听！"小豆豆很开心地打开了话匣子，一口气讲了4个小时！"这个时候，小豆豆感到，生平第一次遇到了真正喜欢自己的人！因为，从小豆豆出生以后直到现在，还从来没有一个人这么长时间地听她说话呢。而且，这么长的时间里，校长先生一次也没有打哈欠，一次也没有露出不耐烦的样子。他也像小豆豆那样，把身体探出来，专注地听着……"第一天，小豆豆在先生艺术而亲切地倾听中，感觉非常安心，非常温暖，觉得学校非常有趣。

巴学园的一切都和别的学校不同：学校的大门是两棵有根的树，是"从地里面长出来的门呀"；教室是电车教室，学生可以按自己喜欢的顺序自习着学习各个科目；没有固定的座位，可以每天换位置；校长要求大家自带有"山的味道"（蔬菜、肉类等）和"海的味道"（鱼、海鲜等）的午饭；上午如果把课程都学完了，下午大家就集体出去散步学习地理、自然；夜晚则在大礼堂里支起帐篷"露营"，听校长讲旅行故事……随处是新鲜而动人的和谐景象。

以上是日本作家黑柳彻子在《窗边的小豆豆》中描绘的巴学园。这是一本讲述作者童年生活的自传性的小书，不仅带给全世界几千万读者无数的笑声和感动，而且为现代教育的发展注入了新的活力，成为20世纪全球最具影响的作品之一。

**启示 感悟与讨论**

1. "桃花源"描绘的是一个怎样的世界？
2. 为什么英国资本家欧文的"新和谐村"计划会失败？
3. "桃花源"和"乌托邦"有什么异同？
4. 说说你心目中的"巴学园"，并说说为什么？

## 第二节　公平公正

社会公平正义是我国使用频率极高的一个关键词。正义就是公正的，有利于社会发展和人民利益的；公平是处理事情合情合理，不偏袒哪一方。公平正义是民主法治的基础，是诚信友爱的伦理前提，是社会充满活力的必要条件，是社会安定有序的制度保障，更是人与自然和谐相处的内在要求。

### 一、古罗马分面包与孔融让梨

这个故事来自美国著名财经作家戈登在《美国传统》杂志上发表的一篇文章。戈登通过分面包的传说回溯了西方保证公平分配规则的起源。据说，在古罗马军队中，士兵每天定量得到一块面包充当全天的口粮。一开始，切割面包与分配面包的任务是由长官一人担任，于是长官往往切下最大的一块留给自己，然后按关系亲疏决定切下面包的大小进行分配。由于分配不公平造成军队内部矛盾甚至内讧的事不少。

为了防止因争夺食物产生的争斗，罗马人很快找到一个极好的办法：当两个士兵拿到一块面包后，规则要求一个士兵来分割，而另一个士兵首先出来选择属于他的一半。在这种规则下，分割面包的士兵出于自利，只能最大限度地追求平均分配。戈登认为，这种法律是从每个人的自利角度来制定的，以使其行为公平合理。自律法考虑到了每个人的利益，而不是一人集团的利益，更不是那些制定和执行这些法律的人的利益。这也构成了西方以制度保证公平分配的传统。

传统中国人保证公平分配更多靠伦理道德约束。最经典的要数"孔融让梨"的故事：孔融四岁时，父亲让他把一袋梨分给家人，孔融把最大的给了爷爷奶奶，把比较大的给父母，把其他的给了弟弟妹妹，而把最小的给了自己。这个简单的故事之所以一直流传到今天，绝不仅仅是为了教育小孩懂得谦让与礼貌，还体现了传统中国人关于公平分配的基本思想：公平分配的顺序是要照顾到老幼尊卑，体现传统伦常，主持分配的人也应该是像孔融这样的有道德的人。如果把"孔融让梨"这个发生在家庭内部的故事放大到国家——在传统中国人那里，家与国本来就是一体的：公平分配的秩序必定体现了儒家纲常，而皇帝因"顺天承命"是最高的道德代表与化身，同时作为最大的"家长"当然应该为所有的"子民"进行公平分配。

## 二、全国人民代表大会选举制度

中华人民共和国实行的是人民代表大会制度。中国宪法规定，中华人民共和国的一切权力属于人民，人民行使国家权力的机关是全国人民代表大会和地方各级人民代表大会。各级人民代表大会都由民主选举产生，对人民负责，受人民监督。县、乡两级的人民代表大会代表，是由选民直接选举产生的。凡是中华人民共和国年满 18 周岁的公民，不分民族、种族、性别、职业、家庭出身、宗教信仰、教育程度、财产状况、居住期限，都有选举权和被选举权。中国享有选举权和被选举权的人，占 18 周岁以上公民人数的99.97% 以上，在近十多年举行的 4 次县、乡两级人民代表大会代表直接选举中，选民参选率都在 90% 以上。省、自治区、直辖市、设区的市、自治州的人民代表大会代表，则由下一级人民代表大会选举产生。全国人民代表大会代表是由各省、自治区、直辖市的人民代表大会和中国人民解放军的军人代表大会选出的。各级人民代表大会代表的候选人，按选区或选举单位提名产生。各政党各人民团体可以联合或者单独推荐代表候选人。选民或者代表 10人以上联名，也可以推荐代表候选人。代表候选人的名额，必须多于应选代表名额。选举时一律采用无记名投票的方式。

代表名额的分配主要是根据各省、自治区、直辖市的人口比例来确定的，人口特少的省、自治区不少于 15 个名额。同时使各民族、各阶层、各政党、各方面在全国人民代表大会中都有适当数量的代表。

## 三、以公平公正支撑起"中国梦"

所谓"中国梦"，就是要实现全面建成小康社会、建成富强民主文明和谐的社会主义现代化国家，实现中华民族伟大复兴，就是要实现国家富强、民族振兴、人民幸福。这样的中国梦，既是民族的梦，也是每个中国人的梦。中国梦的实现，需要付出艰巨的努力，还需要制度的保障，更需要公平正义的支撑。

"社会主义和谐社会，应该是民主法治、公平正义、诚信友爱、充满活力、安定有序、人与自然和谐相处的社会。"这是我们党新一代领导集体对社会主义和谐社会理论思考的新突破。公平正义是社会主义和谐社会的核心，

我们要建设社会主义和谐社会，就必须促进和实现社会公平正义。

党的十八大报告明确提出，要推进依法行政，切实做到严格规范公正文明执法。十八大以来，习近平总书记反复强调必须坚持严格执法，切实维护公共利益、人民权益和社会秩序。党的十八届四中全会通过的《中共中央关于全面推进依法治国若干重大问题的决定》，站在完善和发展中国特色社会主义制度、推进国家治理体系和治理能力现代化的战略高度，就全面推进依法治国、建设社会主义法治国家作出了全面部署，对坚持严格规范公正文明执法提出了具体要求。

**启示** 感悟与讨论

1. 西方的"古罗马分面包"与中国的"孔融让梨"都有其优点与不足，请分别说说。
2. 全国人民代表大会选举制度是如何做到公平、公正的？
3. 请谈谈你理想中的公平、公正是怎样的？
4. 请结合实际，谈谈怎样做到真正的公平、公正？

# 第三节　我与社会

## 一、小小 CEO

2014 年底，10 岁的小吕参加了一个学习营，当时的创意挑战是"在小区里开设一家商店"，当时他的方案是开一个"小诺奖得主"科技培训班。没想到 2015 年春节，他真的成功实施了这一计划，到 2015 年 5 月，培训班已经开到了第二期。

"我们家是在中高档小区，小区里的叔叔阿姨们都挺重视孩子的学习，"小吕说，"所以我就想在学习这个方向'创业'。我的比较优势就是自己酷爱科学，还有我哥哥经常教我做标本啊等各种科学探索。"打定主意后，他开始以"未来诺贝尔奖得主班——开讲啦"为标题印制宣传单："得过 WRO 世界机器人奥林匹克竞赛中国赛区银牌 10 岁男孩主讲的少年科学班火爆报名，他哥哥去了美国最好的哈佛大学，姐姐考上世界排名第二的麻省医学院，爸爸是江

苏省领军科技企业老总。这样一个热爱科学的家庭，和你一起学习变强大。"

发宣传单前，他专门跑到物业，查阅了家里有孩子的住户，再登门造访。期间小吕被拒绝过，但他相信世界上大都是真诚的人。在他推销的 17 户当中，无意中发现有一家的孩子是他的校友，于是对方很爽快地成了他的"客户"，这无疑给了他莫大的鼓舞。培训班随即开办起来了。小吕精心打扫、装饰培训场地——自己家的客厅。另外准备了各种点心、漫画书，以及他要讲的课件、要玩的游戏等。他说第一印象很重要。而为了促销，培训班的第一次课程免费，是为"体验课"。如果体验课觉得不赖，再交接下来正式课程 6 次共 180 元的费用。功夫不负有心人，来参加体验课的 6 个"客户"，全部交费成为正式客户。善于学习，并把身边的事物当成认识世界，甚至社会实践的做法，让小吕同学成为同龄人的榜样。

## 二、笔比剑锋（节选）[①]

2014 年，诺贝尔和平奖由 17 岁的传奇女孩马拉拉·优素福获得。马拉拉是巴基斯坦西北部的一名女学生，以争取妇女接受教育的权利而闻名。2012 年 10 月 9 日，马拉拉在乘校车回家途中，遭到塔利班枪手企图暗杀，头部和颈部中枪，生命一度垂危。为表彰马拉拉不畏塔利班威胁、积极为巴基斯坦女童争取受教育权利所作出的杰出贡献，联合国将每年的 7 月 12 日（马拉拉生日）定为"马拉拉日"，以下是马拉拉在联合国青年大会上的演讲内容节选：

"亲爱的朋友，在 2012 年 10 月 9 日，塔利班往我的左额开枪。他们也射杀了我的朋友们。他们以为子弹将会让我们沉默，但他们失败了。沉默中响起了成千上万的声音。恐怖分子以为他们能够改变我的目标，阻止我的理想。但是我的生活没任何改变，懦弱、恐惧与无助消失了，坚定、力量与勇气诞生了。我还是同一个马拉拉，我的理想依旧。

我在这儿为每一位孩子能接受教育的权利发言。我希望塔利班、所有恐怖分子和极端分子的儿女都能受教育。我甚至不怨恨射杀我的塔利班成员。

当我们在巴基斯坦北部的斯瓦特，当我们见到枪械时我们认识到笔与书本的重要。极端主义者害怕书与笔。他们害怕教育的力量。他们害怕女性声音的力量。这就是为什么在最近于奎塔达的侵袭中他们杀害 14 位无辜学生。这也是为什么他们杀害女教师。这也是为什么他们每日炸毁学校，因为他们从

---

[①] 选自 2014 年诺贝尔和平奖获得者马拉拉在联合国的演讲。

过去至今一直都害怕我们能为社会带来的改变与平等。一个孩子、一位教师、一本书和一支笔可以改变世界。教育是唯一的答案，教育为先。谢谢大家。"

## 三、我与社会

社会共生是人的基本存在方式，任何人都生活在人与人、人与自然的共生系统之中。共生关系不只存在于社会某个方面，而是遍布人类社会的经济、政治、文化、社区、社群、家庭等所有领域，其表现更是形形色色，千姿百态。没有共生，也就没有人的存在。就此而言，社会共生论是一种关于人如何存在的哲学。

对中学生来讲，校园就是一个大社区，社会百态在校园都有着缩影。学生生活学习在校园里，每天要和认识或不认识的老师、同学、学校各管理部门人员打交道，要集体上课、运动、做实验、玩社团，还要去食堂吃饭等。

有一所中学，附近有一所养老院，里面住有 12 位孤寡老人。校学生会的学生们随即策划组织了"关爱老年人志愿者协会"。协会成立至今四年，每两周就组织一次活动：给老人表演艺术节目、打扫洗衣、读报、聊天、剪指甲、洗头……总之就是做一些力所能及的事情。一个学生在周记里写道："今天的活动，我先帮老奶奶洗头，然后陪老人坐在冬日的太阳底下，晒太阳聊聊天。老人家话不多，可她的手一直都紧紧地握着我的手，不愿放开，直到活动结束……我感觉得到她内心的孤独。我想到了妈妈，爱我的妈妈有一天也会像老奶奶一样，我该怎么做。夜深了，我很难入眠，老奶奶干枯的手老是在我脑里浮现，我的泪水不听话地偷偷湿了枕巾。"

由人及己，推己及人，谁说我们的青年没有细腻的感情呢？

**启示** 感悟与讨论

1. 你参加过哪些印象深刻的社会实践？
2. 从小吕同学的故事中，你得到什么启发？
3. 说说马拉拉身上有什么值得你学习的地方。
4. 你觉得自己与社会是一种什么样的关系？

**群文** **文献与博览**

    阅读本章后，请你找相关文献，博览群文，寻找相同主题和内容的文章或资料，以拓展你的知识和开阔你的视野。

**创感** **联想与创作**

    读完本章你有何联想和创感？有没有创作的冲动？如果有，请你做一名创客，用你喜欢的作品形式，展示你的创感和创意。

# 硕 鼠①

硕鼠硕鼠①，无食我黍②！三岁贯女③，莫我肯顾。
逝将去女④，适彼乐土。乐土乐土，爰得我所⑤。
硕鼠硕鼠，无食我麦！三岁贯女，莫我肯德⑥。
逝将去女，适彼乐国⑦。乐国乐国，爰得我直⑧。
硕鼠硕鼠，无食我苗！三岁贯女，莫我肯劳⑨。
逝将去女，适彼乐郊。乐郊乐郊，谁之永号⑩？

## 词句注释：

①硕鼠：大老鼠。一说田鼠。这里用来比喻贪得无厌的剥削统治者。
②无：毋，不要。黍：黍子，也叫黄米，谷类，是重要粮食作物之一。
③三岁贯女：侍奉你多年。三岁，多年，说明时间久。三，非实数。贯，借作"宦"，侍奉。女，一作"汝"，你，指统治者。
④逝：通"誓"。去：离开。
⑤爰：乃，于是。所：处所。
⑥德：加恩，施惠。
⑦国：域，即地方。
⑧直：王引之《经义述闻》说："当读为职，职亦所也。"一说同"值"。
⑨劳：慰劳。
⑩之：其，表示诘问语气。永号：长叹。号，呼喊。

---

① 佚名：《硕鼠》，《诗经·硕鼠》，北京：北京出版社，2006 年。

**译文：**

　　大老鼠呀大老鼠，不许吃我种的黍！多年辛勤伺候你，你却对我不照顾。发誓定要摆脱你，去那乐土有幸福。那乐土啊那乐土，才是我的好去处！

　　大老鼠呀大老鼠，不许吃我种的麦！多年辛勤伺候你，你却对我不优待。发誓定要摆脱你，去那乐国有仁爱。那乐国啊那乐国，才是我的好所在！

　　大老鼠呀大老鼠，不许吃我种的苗！多年辛勤伺候你，你却对我不慰劳！发誓定要摆脱你，去那乐郊有欢笑。那乐郊啊那乐郊，谁还悲叹长呼号！

# 从"大同理想"到"中国梦"①

习近平总书记在十二届全国人大一次会议上的讲话中指出:"实现中国梦必须走中国道路。这就是中国特色社会主义道路。这条道路……是在对中华民族5 000多年悠久文明的传承中走出来的,具有深厚的历史渊源和广泛的现实基础。"这就赋予了中国梦以深刻的历史文化内涵,使中国梦深深植根于历经数千年绵延不绝的中华文明史中。

一

中华民族自古以来就不乏梦想。早在2 500多年前的"轴心时期",我们的先人对理想社会就有一个朴素的梦想,那就是对大同理想的向往和憧憬。正如习近平总书记所指出的,自古以来,中国先贤就以"天下大同"即共同社会理想为追求目标。《礼记·礼运》中有一段被后世反复引述的话:"大道之行也,天下为公,选贤与能,讲信修睦。故人不独亲其亲,不独子其子,使老有所终,壮有所用,幼有所长,矜、寡、孤、独、废疾者皆有所养。男有分,女有归。货恶其弃于地也,不必藏于己;力恶其不出于身也,不必为己。是故谋闭而不兴,盗窃乱贼而不作。故外户而不闭,是为大同。"这段关于大同社会的经典描述,体现了我们的先人们对理想社会的期盼与梦想。

《礼运》篇所描绘的大同理想,虽然是在当时生产力还很不发达的自然经济背景下产生的,但从思想内容看,它超越了具体的社会形态,带有对人类的终极关怀性质,具有极强的历史穿透力,这使得它可以在此后的历史发展中始终保持旺盛的生命力,历久而弥新。事实上,自《礼运》篇正式提出大同理想以来,中国人对大同社会的向往和追求从来没有停止过。《吕氏春秋·贵公》明确倡言:"天下非一人之天下也,天下之天下也。"东汉公羊学家何休提出"衰乱世、升平世、太平世"的历史进化观,其中"升平世"类似于《礼运》篇中的"小康"社会,"太平世"则与"大同"社会相仿。东晋田园诗人陶渊明在《桃花源记》中虚构了一个没有战乱和罪恶、民风淳朴、其乐融融的世外桃源,同现世的困苦形成鲜明对照。明清之际的启蒙思想家黄宗

---

① 李韬、林经纬:《从大同理想到中国梦》,党建网,http://www.dangjian.cn/。

智慧、不惧权贵著称，这两个特点为他赢得了"青天"的美誉。

然而，无论是所罗门还是包青天，他们与现代法治的理念相去甚远。比如包公，他既是行政官员，又是侦探；既是检察官，又是法官。这种体制，只能依赖执法者的个人素养，素养高还好办，素养差就容易出冤假错案。

## 正义女神为什么蒙上眼睛

古罗马神话中有位正义女神——朱斯提提亚，她的形象是一手持天平，代表公正；一手持利剑，代表正义。可让人奇怪的是，她的眼睛却用布给蒙上了。正义女神掌司法，看不见东西怎么行？原来，古罗马人认为，警察是警察，法官是法官，前者要睁大眼睛，而后者是裁判，闭上眼睛才不会先入为主，平心静气才能不偏不倚，准确判断是非。

说起古罗马，就不能不提律师，因为古罗马是律师制度的发源地，而普利尼则是古罗马最杰出的律师之一，许多看似很难打的官司，他都赢了。

有一次，一个女人为一笔遗产打算起诉其继母。原来，她80岁的老父娶了新夫人，可两人结合没多久，老人就病死了。新夫人于是想利用老人的遗嘱发笔大财，可老人的女儿不干，她决定起诉继母，就找普利尼帮忙。这是个棘手的案子，但普利尼接了下来，开庭那天，法庭上挤满了人，普利尼用自己渊博的知识和精确的计算，滔滔雄辩几个小时，最终打赢了官司。

古罗马的法律制度是人类法治史上的一个高峰。在这里，首次出现了完备的法庭和一套程序，第一次将法律划分出公法和私法，更诞生了在法治史上有重要影响的《查士丁尼法典》，其影响一直延续到今天。

## 布鲁诺之死与宗教裁判所

1600年2月17日，罗马城内鲜花广场上警卫森严，伟大的思想家、哲学家、自然科学家布鲁诺被绑在广场中央的火刑柱上，临刑前，他慷慨陈词："黑暗即将过去，黎明就要来临，真理终将战胜邪恶。"

布鲁诺因为宣传唯物主义哲学和哥白尼的太阳中心学说而触怒了罗马宗教教廷，于1592年被捕并被关押在宗教裁判所的监狱里，受尽折磨，但他的信仰始终未动摇。1600年2月6日，宗教裁判所最高审判官马德留奇红衣主教宣判布鲁诺死刑。这是欧洲中世纪最黑暗的一页，古罗马那一套完备的法律制度被无情摧毁，取而代之的是宗教法庭和各封建领主自己设立的法庭。

天主教的势力越来越大，罗马教廷最终成为西欧至高无上的宗教王朝，而宗教法庭也逐渐遍布西欧各地，凡是他们认为背离天主教信仰的人都要受到宗教法庭的审判，布鲁诺就是被宗教法庭杀害的无数人中的一个。

## 米兰达警告与沉默权

早在古罗马时代就流行一句格言："正义从未呼唤任何人去揭露自己的犯罪。"也就是说，人在受审问时，有沉默的权利。最早与沉默权有关的故事发生在 1639 年，几十年后，英国最早将沉默权写入宪法。然而，从那以后，人类为争取沉默权仍然努力了几百年。

看过美国警匪片的人一定会很熟悉一段"套话"："你有权保持沉默，现在你所说的每句话都可能成为审判中不利于你的证据。你可以请律师在讯问时到场，若无力聘请，可以为你指派。"这是美国包括西方国家警察在逮捕犯罪嫌疑人之前必须说的话。

为什么美国警察要说这句话？这还有个故事呢。

1965 年，美国亚利桑那州发生一起强奸案，犯罪嫌疑人是个 20 多岁的青年，叫米兰达。在警察连续审问下，米兰达招了供，州法院根据他的供述判他 50 年徒刑。然而在律师的指点下，米兰达提出上诉，他声称自己无罪，所做的供述是违心的，他当时并不知道自己有沉默的权利，不知道自己的供述会成为法院判决的依据，更不知道自己有权请律师。最高法院认为，警察未通知米兰达有两个权利，因而违反了宪法的有关规定，据此，最高法院判决米兰达无罪。

从此，美国警察多了一项工作：在逮捕犯罪嫌疑人时必须提醒他们拥有两项权利，即保持沉默的权利和请律师的权利。这就是著名的"米兰达警告"，美国警察衣袋里都装着印有这段话的小卡片。

"米兰达警告"对限制国家滥用权利、消除警察刑讯逼供、保护公民合法权利起到了重要作用。

## 法无明文不处罚

十几年前，澳大利亚曾出现一件轰动全国的官司：悉尼北部的曼利海滩是裸泳者的天堂，而曼利市政府觉得裸泳有碍观瞻，而且容易诱发犯罪，于是翻出 1919 年澳大利亚颁布的一个法案，发现法案中有如果游泳着装不当，当地政府可以禁止的条款。于是，当地政府以此为依据，将裸泳者告上法庭。没想到，法庭驳回了政府的诉求，理由是那部法律只规定对各种"着装不当"行为进行处罚，而未规定对不着装的情况进行处罚，所以，法庭无权对裸泳者进行处罚。

法律没有明文规定的就不能处罚，这是所有法治国家所遵循的理念。虽然这样做可能会"放纵"某些行为不当的人，但它却从最大意义上保护了所有公民的权利。

# 自我之歌①

## 1

我赞美我自己，歌唱我自己，

我所讲的一切，将对你们也一样适合，

因为属于我的每一个原子，也同样属于你。

我邀了我的灵魂同我一道闲游，

我俯首下视，悠闲地观察一片夏天的草叶。

我的舌，我的血液中的每个原子，都是由这泥土、这空气构成，

我在这里生长，我的父母在这里生长，他们的父母也同样在这里生长，

我现在是三十七岁了，身体完全健康，

希望继续不停地唱下去直到死亡。

教条和学派且暂时搁开，

退后一步，满足于现在它们所已给我的一切，

但绝不能把它们全遗忘，

不论是善是恶，我将随意之所及，

毫无顾忌，以一种原始的活力述说自然。

## 2

屋宇里充满了芳香，框架上也清香缭绕，

是我自身发出的清香，我知道它，喜欢它，

这芬芳要使我沉醉，但我不让自己沉醉。

大气并不是一种芳香，

它没有熏香之气，它是无嗅的物质，

但它永远适宜于我的呼吸，我爱它，

我愿意走到林边的河岸上，

① 惠特曼著，赵萝蕤译：《草叶集》，上海：上海译文出版社，1991 年。

去掉一切人为的虚饰，赤裸了全身，
我疯狂地渴望能这样接触到我自己。
我自己呼出的气息，
回声、涟漪、切切细语、紫荆树、
合欢树、枝杈和藤蔓，
我的呼气和吸气，我的心的跳动，
血液和空气在我肺里的流动，
嫩绿的树叶和干黄的树叶，
海岸和海边黝黑岩石和放在仓房里面的谷草所吐的气息，
我吐出来散布在旋风里的文字的声音，
几次轻吻，几次拥抱，手臂的接触，
在柔软的树枝摇摆着的时候，
枝头清光和暗影的嬉戏，
独自一人时的快乐，或在拥挤的大街上、
在田边、在小山旁所感到的快乐。


3


一切日日夜夜来临又离我而去，
但这不是我自己。
哪怕东拉西扯，我自岿然挺立，
快乐地挺立着，自足，慈悲，悠闲，
向下看，
像最确定的东西一样确定，
像垂直一样正直，紧紧拴住，
用梁木牢牢支撑，
像马一样健壮、热情、傲慢、带电，
我和这种神秘，我们就站在这里。


4


我信奉你，我的灵魂，
但我的肉体绝不对你自惭形秽，

同我在草地上游荡吧，放开你的喉咙，
我喜欢静谧，喜欢你用适度的声音发出低吟，
我记得我们曾如何躺在明澈夏日的早晨，
你将头横跨我的大腿，温柔地在我身上扭动，
分开我的胸衣，将你的舌头伸进我裸露的心，
直到你抚摸我的毛发，直到你将我牢牢锁紧，
倏地在我周身焕发扩散出一种安详和启示，
足以超越人间一切争论，
天地万物的核心是爱，
无穷无尽的是田野里僵硬枯萎的树叶，
是树叶下小孔里的棕蚁，
蠕虫围墙上的藓苔、乱石堆、接骨木、毛蕊花、牛蒡草。

5

我独自在遥远的荒山野外狩猎、漫游，
为自己的愉快和欢乐而惊奇，
傍晚选一块安全场所过夜，
燃起篝火烘烧刚猎到的野味，
在树叶堆上倒身便睡，狗和猎枪就在身旁，
勤劳地负着轭或者停止在树荫下面的牛群哟，
你们眼睛里所表示的是什么？
那对于我好像比我一生读到的还要多。
在我整天漫游的长途中，
我的步履惊起了一群野鸭，
它们一齐飞起来，
它们缓缓地在天空盘旋着。
我相信这些带翅膀者，
也承认那绿的、紫的和球状花冠都各有深意。
我更不因为龟只是龟而说它毫无价值，
树林中的坚鸟从来不学音乐，
但我仍觉得它唱的很美，
栗色的母马只需一瞥，

就使我对自己的笨拙感到羞愧。

## 6

我在一切人身上看到我自己，
不多也不差毫厘，
我对我自己的褒贬对他们也同样合适。
我知道我是庄严的，
我不想耗费精神去为自己申辩或求得人们的理解，
我就按照我自己的现状生存，
即使世界上再没有人意识到这一点，
我仍满足地坐着，
即使世上所有的人都意识到，
我也满足地坐着。
有个世界是意识到了的，
而且对我来说是最大的世界，
那便是我自己，
无论今天我能得到，
或者要在千百万年之后我才能得到我应得的一切，
我现在就愉快地接受，或同样愉快地等待。
我嘲笑你们所谓的消亡，
我深知时间是多么宽广。

## 7

我是肉体的诗人，我也是灵魂的诗人，
我享受天堂的快乐，
也忍受地狱的苦难，
我把快乐嫁接在身上并使之枝繁叶茂，
我把苦难译成新的语言。
我是男人的诗人，
也是女人的诗人，
我唱着张扬骄傲的歌，

我们已经低头容忍得够久了，
我同温柔的、生长着的夜晚一起行走，
我召唤黑夜拥抱大地和海洋。


## 8

华尔特·惠特曼，一个宇宙，
曼哈顿的儿子，狂乱、肥壮、多欲、能吃、能喝、善于繁殖，
不是感伤主义者，不凌驾于男人和女人之上，
不谦恭也不放肆。
把门上的锁拆下来！把门也从门框上撬下来！
谁贬低别人也就是贬低我，无论什么言行最终都归结到我。
灵性汹涌澎湃地通过我奔流，潮流和指标也从我身上通过。
我赞成种种的欲念和肉感，
视觉、听觉和感觉都是神奇的，
我的每一部分及附属于我的一切也都是奇观。
我里外都是神圣的，
我使我所接触的或接触过我的一切都变得圣洁。


## 9

我溺爱我自己，这一切都是我，
一切都这样的甘甜，每一瞬间，
和任何时候发生的事情都使我因快乐而微颤，
我说不出我的脚踝怎样弯曲，
我的最微小的愿望来自何处，
也说不出我散发的友情的根由，
以及我重新取得的友情的缘故。
我走上我的台阶，
我停下来想想它是否真实，
我窗口的一朵牵牛花比图书中的哲理更使我满意。
看看破晓时的光景！
那一点点曙光把庞大透明的阴影冲淡了，

我觉得空气的滋味那么清新。

我相信一片草叶的意义不亚于星星每日的工程，
一只蝼蚁、一粒沙，一个鹪鹩蛋，
都是同样地完美，
雨蛙也是造物者的一件精心杰作，
四处蔓延的黑莓可以装饰天堂里的华屋。
而我手上一个极小的关节可以藐视一切机器！
低头吃草的母牛能胜过任何一座雕像，
一个小鼠便是奇迹，足以使千千万个异教徒震惊不已。

我自相矛盾么？
很好，我的确自相矛盾，
（我辽阔博大，我包罗万象。）
我仍丝毫没被驯服，我还是不可理喻，
我在世界的屋脊发出粗野的嚎叫，
我要像空气一样离去，我对着夕阳甩动我的白发，
我把我的血肉投进涡流，让它在有花边的步絮中漂流，
我把自己馈赠给泥土，以期从我心爱的草叶中长出，
你若再想见我，可以看看你的鞋底……
你若一时找不着我，请仍然保持勇气，
一处不见就到另一处寻觅，我总会在某个地方等着你。

# 郭敬明：世界从不公平，努力是唯一出路[①]

这个世界并不是公平的，你要学着去习惯它。

世界上有人一锄头下去，就挖出了钻石。也有人辛苦地开山挖矿，最后一声轰然巨响，塌方的矿坑成为他最后的坟墓。

那天在上网的时候，看见一个帖子，里面在讨论我的作品，和我的生活。里面很多人，大概一百多个跟帖，看上去特别热闹的样子。

他们的讨论分为两个部分。

第一个部分是：我以前很喜欢他的作品，他写的《夏至未至》，他写的《爱与痛的边缘》，里面的小四多么纯真，单纯的校园梦想，简单的学生生活，他和朋友在学校门口喝一块钱的西瓜冰。你看看他的现在，充满了物质，他已经不再是以前的他了！小四不要变啊！

我家里有很多的书，欧美的、大陆的、中国台湾繁体版的、日文的，各种各样的书。无论我是否看得懂，我都会拿起来没事就翻一翻，看一看别人的设计，别人的想法，和别人的图书出版理念。而中文的小说，一看就是一下午。

但是我很少看自己的书。

我发现我再也不会回到我之前的那个岁月里去了。那个散发着游泳池消毒水气味的夏天，那个高三炼狱般的日子，那个香樟树茂盛得像是海洋般的季节。我在那样的年岁里高喊着我不要长大我希望永远做小孩子我羡慕彼得·潘我一定要去永无乡。

但后来，我渐渐地放弃了。

在进入社会以后，我因为这样单纯的自己，而被无数的人嘲笑过。人们不同情眼泪，人们不怜悯弱小。当你委屈地在网上倾诉自己的痛苦，转瞬之间，你的文字就被转贴到了四面八方，无数的人用这些矫情和委屈的话语，作为攻击你的武器。这就像是自己亲手擦亮了匕首，然后双手奉上，让别人刺穿你的心脏。

我也想要永远都躺在学校的草地上晒太阳，我也想要永远喝着一块钱的西瓜冰而不会有任何的失落，我也想要永远穿着简单的衣服，听着简单的

① 郭敬明：《愿风裁尘》，武汉：长江文艺出版社，2013 年。

CD，过着简单的十七岁的生活。但是这是不可能的，因为我的生命里，再也不会拥有另外一个十七岁了。

我也曾经尝试过打车去参加上海的一些活动，对方接待我的人，用那种充满了嘲笑和鄙夷的目光，看着我从出租车上下来时的样子。他们亲切地握了我的手，对我热情地微笑。然后到后台的时候，他们和别人分享他们的喜悦："我和你说哦，他穷酸得车都买不起！"

我也记得第一次参加时尚杂志的拍摄，提着一大包自己喜欢的衣服去摄影棚，然后被杂志的造型师翻着白眼，在我的纸袋里翻来翻去，找不到一件她看得上的衣服的时刻。摄影师在旁边不耐烦地催促着，造型师更加不耐烦地说："催什么催！你觉得他这个样子能拍么！"

锋利的社会像一把刀，当它砍过来的时候，你如果没有坚硬的铠甲，你就等着被劈成两半吧。

他们讨论的第二个部分是：他的钱还不是我们买书给他的钱！他拽个屁啊！要是没有我们买他的书，饿死他！他能穿名牌么？真是对他失望！

小时候，在银行工作的妈妈，因为多数给客户100元，而被罚了赔偿，并且额外扣了100块工资。在那个我妈妈月工资只有120块的年代，妈妈流了两个晚上的眼泪。

在我大概七岁的时候，爸爸买了他人生里第一件有牌子的衬衣。花了不小的一笔钱，但是爸爸笑得很开心，他站在镜子面前，转来转去地看着镜子里气宇轩昂的自己。

这些都是和钱有关系的，是钱带来的伤心，和开心。

但是，当我们花钱看完一场电影享受了愉快的一个半小时，当我们花钱买完一张CD享受了一个充满音乐的下午，当我们在餐厅花钱吃了一顿美味的晚餐，当我们在商店买了一件漂亮的衣服心情愉快的时候，我们是不会去对电影院、音像店、餐厅、商店的人说："你们凭什么赚钱？要不是我们给你们钱，你们早就饿死了！"这样的话的。

这是我看到第二个部分的心情，好像他们在看我的小说的时候，并没有享受愉快的阅读过程，似乎我的故事永远都没有给他们带来过感动和思考。似乎我并没有辛苦地写作，只是在白白接受他们的施舍。好像他们并不是心甘情愿地购买图书，而是我拿刀逼着他们买的一样。

我觉得，自己像一个乞丐。因为只有乞丐，才会听到别人对他说："要不是我给你钱，你就饿死了。"

在和妈妈的电话里面，妈妈很气愤："你不要理睬他们。凭什么做其他行业的人赚钱就是天经地义，而你辛苦地写书给他们看、编杂志给他们看，还要受他们的侮辱?!"

我在电话里和妈妈说，这没什么。

挂掉电话之后，我洗了个澡，然后继续开始写《小时代》最后的结尾。

这是我没有睡觉的连续第49个小时。出版社的截稿日悬在头顶，我喝了杯咖啡，看了看电脑右下角的时间02∶10，然后继续开始工作。如果从楼下的草坪望上来，可以看见我房间孤独的灯，亮在一整栋漆黑的楼里。但是，他们不会看见的，他们这个时候，正在享受甜美的睡眠和梦境。

他们看见的，只是你清早提着LV，走到楼下，司机拉开车门你坐进去的背影。他们嫉妒的眼光把你的后背戳得血肉模糊。"要不是我们给他钱，他早就饿死了! 他凭什么穿名牌?!"

我明白你对这个世界的巨大失望。因为，我也一样。

**延伸阅读：**

1. 郭敬明：《幻城》，沈阳：春风文艺出版社，2003年。
2. 张卓：《郭敬明：明利场》，《人物》2013年第7期。

# 本杰明·富兰克林：因兴趣成为学徒工（节选）[1]

　　从孩提时代起我就喜欢读书，零用钱也都是花在了买书上。约翰·班扬文集的小册子一单独发行，我就收集，原因是我钟爱《天路历程》。后来我把它们卖了，卖得的钱又用来买柏顿的《历史文集》，都是些小贩们卖的开本很小的书，一共四五十册，价格很便宜。父亲收藏在小图书馆里的大都是关于神学的书，而且大多我都已经看过，只是由于已经决定不当牧师，在当时求知欲还相当高的时候竟然没有机会读到其他更好的书，让我一直都觉得很可惜。还有一本叫《英雄传》的书，普鲁泰克的，我花了很多时间读了很久，但我仍然觉得时间花得很值。另外还有一本笛福的《论计划》、马太博士的《论行善》，这些书对我的思想帮助很大，影响到我以后人生中的一些重要决定。

　　最终，父亲替我选了印刷业，因为我对书籍痴迷，尽管他的另一个儿子詹姆士已经学了这个行业。1717 年，哥哥詹姆士打算在波士顿开业，就从英国带回来了一架印刷机，还有一些铅字。比起父亲的行业，我对印刷业有兴趣得多，但是我始终念念不忘航海。因此父亲赶紧叫我跟着哥哥当学徒。一开始我提出抗议，最后还是妥协了，跟哥哥签了合同，正式成为师徒，那时我 12 岁。合同规定，21 岁之前我都要在那里当学徒，不过合同的最后一年我就可以跟出师的职工一样拿到工资了。

　　很快我就熟悉了这一行业，可以做哥哥的左右手，也有机会接触到好一点的书了。我会去结交一些书铺的学徒，然后凭着交情去借书，不过借到以后我都很小心地保管，并且尽快还书。有时怕被人发现少了书，或者有人想买书，在晚上借到的书第二天一早就要还，我也会熬夜读完。

　　不久之后，有个叫马太·亚当的精明商人经常光顾我们的印刷铺。他知道我爱书之后，就请我去参观他藏书丰富的藏书室，也很乐意借我书。我就是在那时迷上了诗歌，也开始自己写了几首小诗。哥哥知道了，经常鼓励我写诗，因为他觉得写诗以后能用得着。于是我编了两首应节的故事诗，一首叫《灯塔悲剧》，讲的是华撒雷船长和两个女儿遇溺身亡；另外一首讲的是海盗铁契（又名黑胡子）被捕的经过，是一首水手歌。两首诗用的都是小调的

---

① 　本杰明·富兰克林著，耿沫译：《富兰克林自传》，北京：北京联合出版公司，2011 年。

格式，也没有什么意义在里面。

印好后，我拿到镇上去卖。因为第一首写的是发生在最近的、影响颇大的事件，因此销量很好，我也因此有点得意忘形。但是父亲却不认为那是好诗，反而嘲笑我的诗歌，说诗人都没出息。就这样，我也避免了成为一个诗人的命运。不过，散文写作对我一生的影响都很大，我也是靠它才发迹的。所以我在后面会告诉你的是，在这样一种情况下，我是怎么学习写作的。

当时，镇上一个叫约翰·科林斯的孩子同样爱好读书，我们的交情很好。我们也同样爱好争论，也有争论的时候，想争赢对方。不过说起来，这种爱争论的偏好往往容易发展成坏习惯：为了驳倒对方，人们就提出反对意见，而这样很容易引起别人的反感。所以，争辩会让人厌恶，也会破坏人与人之间的谈话，严重的话，还会危及感情。这种偏好我是从父亲的书里面学来的，就是那些有关宗教论辩的书。那时候我开始发现，通常明辨是非的人是不会这样的，除非是律师、大学生或者在爱丁堡受过特殊训练的人。

曾经有一次，科林斯和我不知道为什么就争论起了妇女的高等教育和参与研究工作等问题。在他看来，妇女生来就愚钝，没有那个能力去接受高等教育。或许是带着纯粹想一争到底的成分，我对他提出了反对意见。他是一个天生的辩论家，大脑里面储存了相当多的词汇，以至于有时候我会觉得，他驳倒我只是因为语言表达清晰，而不是因为他的逻辑多么有说服力。由于我们常常在分别的时候也没有讨论出个所以然来，短期内也不会再聚在一起，所以我们就开始互通信件，把自己的观点想法写下来让对方答辩，来回共写了三四封。

一次偶然的机会，父亲看见了我写的信，他拿起来读过之后，没有就我们的观点提出意见，只是跟我说了文章的写作方式相关的问题。虽然借助在印刷铺工作的优势，我的字和标点用得比对方好。但是举了几个例子之后，他就让我明白了自己在用词以及逻辑思维表达方面差了多么大的一截。我觉得父亲说得很有道理，因此下定决心改正这个不足，在以后的文章中也开始多关注体裁和用词等问题。

差不多在那段时间，一次偶然的机会，我得到了一本第三册的《旁观者》，之前我都没听说过这本书。但买下这本书读了几次之后，我大大欣赏里面文章的风格，觉得写得实在太棒了，就起了模仿这些文章的念头。我从里面找了一些文章，把它的大概论点总结出来之后丢在一旁，几天之后再抛开书本用自己的语言把这些论点重新组合成一篇新的文章，并力图写得和原文一样好。和原文一对比，改正了一些小缺点。

**延伸阅读：**

1. 沃尔特·艾萨克森著，孙豫宁译：《富兰克林传》，北京：中信出版社，2015 年。

2. 刘瑜：《民主的细节》，上海：上海三联书店，2009 年。

# 第四课
# 龙的传人——共生之情

引言 主题与经典

"两岸是打断骨头连着筋的兄弟，是血浓于水的亲人。"

——习近平

中华民族从古至今都是以"龙"作为代表自身的一个象征性图腾，这个图腾自诞生以来就伴随着中华民族走过了 5 500 年的风雨文明之路，因此龙图腾在数千年的风雨洗炼中肩负着承载中华文化与信仰之精髓的光荣使命，肩负着凝聚中华民族的伟大使命。

如果问这个文化精髓与信仰是什么？答案是"天人合一，融和共生"。

# 第一节　文明古国

中国是世界文明的发源地之一，有着五千年的文明史。长期以来，我们的祖国一直是世界文明的先驱，领先了世界文明发展的潮流。我国古代劳动人民创造了灿烂的古代文明，使我们祖国成为世界上文化发达的最早国家之一，对世界的文明和进步作出了重大的贡献。美国哈佛大学教授杜维明对中国传统文化给予高度赞扬，他说："世界上有古无今的文化很多，有今无古的文化也很多，而有古有今的文化则很少，像中国这样波澜壮阔的文化传统简直是独一无二的历史现象。"

## 一、诸子百家

中国有五千多年的历史，文化典籍极其丰富。在春秋战国时期，许多学派纷呈，众多学说丰富多彩，各种思想学术流派的成就，与同期的古希腊文明相辉映，为中国文化发展奠定了宽广的基础，形成诸子百家争鸣的繁荣局面。

诸子百家是对春秋、战国、秦汉时期各种学术派别的总称，据《汉书·艺文志》的记载，数得上名字的一共有 189 家、4 324 篇著作。其后的《隋书·经籍志》《四库全书总目》等书则记载"诸子百家"实有上千家。但流传较广、影响较大、最为著名的是儒家、道家、墨家、法家、阴阳家、名家、杂家、农家、小说家、纵横家。

1. 儒家

代表人物：孔子、孟子、荀子。作品：《论语》《孟子》《荀子》。

儒家是战国时期重要的学派之一，它以春秋时期的孔子为师，以六艺为法，崇尚"礼乐"和"仁义"，提倡"忠恕"和不偏不倚的"中庸"之道，主张"德治"和"仁政"，是一个重视道德伦理教育和人的自身修养的学术派别。

儒家强调教育的功能，认为重教化、轻刑罚是国家安定、人民富裕幸福的必由之路。主张"有教无类"，对统治者和被统治者都应该进行教育，使全国上下都成为道德高尚的人。

在政治上，儒家还主张以礼治国，以德服人，呼吁恢复"周礼"，并认为"周礼"是实现理想政治的理想大道。

2. 道家

代表人物：老子、庄子、杨朱。作品：《道德经》《庄子》《黄帝四经》等。

道家以"道"为核心理念而得名，最早见于西汉历史学家司马谈的《论六家要旨》，当初也叫道德家。从广义上来说，主要分为老庄派、黄老派、杨朱派三派，其中老庄派以大道为根、以自然为伍、以天地为师、以天性为尊，以无为为本，主张清虚自守、无为自化、万物齐同、道法自然、远离政治、逍遥自在，政治理想是小国寡民和至德之世，体现了"离用为体"的特点，因此成了历代文人雅士远离残酷现实的精神家园。

3. 墨家

代表人物：墨子。作品：《墨子》。

墨家是战国时期重要学派之一，创始人为墨翟。

这一学派以"兼相爱，交相利"作为学说的基础：兼，视人如己；兼爱，即爱人如己。"天下兼相爱"，就可达到"交相利"的目的。政治上主张尚贤、尚同和非攻；经济上主张强本节用；思想上提出尊天事鬼。同时，又提出"非命"的主张，强调靠自身的力量行事。

4. 农家

代表人物：许行。

农家是战国时期重要学派之一。因注重农业生产而得名。此派出自上古管理农业生产的官吏。他们认为农业是衣食之本，应放在一切工作的首位。《孟子·滕文公上》记有许行其人，"为神农之言"，提出贤者应"与民并耕而食，饔飧而治"，表现了农家的社会政治理想。此派对农业生产技术和经验也注意记录和总结。《吕氏春秋》中的《上农》《任地》《辩土》《审时》等篇，都被认为是研究先秦农家的重要资料。

5. 医家

代表人物：扁鹊。

中国医学理论的形成，是在公元前5世纪下半叶到公元3世纪中叶，共经历了700多年。公元前5世纪下半叶，中国开始进入封建社会。从奴隶社会向封建社会过渡，到封建制度确立，在中国历史上是一个大动荡的时期。社会制度的变革，促进了经济的发展，意识形态、科学文化领域出现了新的形势，其中包括医学的发展。医家泛指所有从医的人。

## 二、百家姓

您贵姓，您是哪里人？这是人们交往中问到的最多的问题。《百家姓》就是一部记录姓氏的童蒙读物。它只有568个字，包括504个姓氏。

姓是一个人家族系统的血缘符号，通过这个符号，每个人都可以把自己和历史文化联系起来。每一个姓氏都源远流长，丰富多彩，个个都有一番意味深长的来历，蕴含着一段生动有趣的故事，是超越时空、贯通古今的文化活化石，它以一种血缘文化的特殊形式记录了中华民族的形成史。

吴姓典故"不惧贪泉"描述了这样一个故事：有个人姓吴叫吴隐之，他的兄长叫吴坦之。兄弟两个家境贫寒，相依为命，但是非常友爱。吴隐之年轻的时候就以博学孝悌闻名于世，他和哥哥曾经为自己的父母哭丧，一直哭到了双鹤哀鸣，群雁不飞。吴坦之有次冒犯了一个非常重要的官员，差点被处死，吴隐之站出来说，我愿意替哥哥死，感动了有名的人物桓温。因为受到桓温的赏识，吴隐之的官越做越大。但是他非常廉洁，当到刺史了出门仍不坐车，身穿布衣。他的妻子贵为刺史夫人，居然亲自织布拿到集市上去卖。

吴隐之后来当了广州的刺史，广州城外20里有一处泉水，名字叫贪泉，据说当地官员一喝贪泉水，就忍不住要贪污。所以当地的官员经常贪污，被抓住就以此为借口，说不是我想贪污，是因为口渴喝了贪泉水，控制不了自己。吴隐之却不信，说贪污和泉水没关系。大家都说不能喝，吴隐之就跑到贪泉旁边，喝了一肚子水，喝完还吟了一首诗："古人云此水，一歃怀千金，试使夷齐饮，终当不易心。"吴隐之极其廉洁，改变了当时广州的官风，受到了东晋皇帝的称赞，也受到褒奖。唐代魏征在编《晋书》的时候，这样评价东晋的清官吴隐之："晋代良能，此焉为最。"

如果到广州旅游，可以在广州博物馆里看到一块石碑，上面刻着两个字"贪泉"，就是纪念吴隐之的。

又如张姓。清朝末年，有个爱国华侨叫张振勋，他有一次听法国人说，要在瓜分中国之后，到山东烟台建葡萄酒厂，因为那里出产的葡萄质量特别好。他想：中国的土地和物产，为什么中国人不能利用呢？我张姓人家，堂堂中国人，也可以回祖国发展，为祖国做贡献！后来，他就回到祖国，在烟台创办了张裕酿酒公司，生产出红、白葡萄酒20多种，味道十分醇美，不但风行全国，而且畅销海外。在1915年万国博览会上，张裕公司制作的金奖白兰地、雷司令等名酒获得了金质奖章。

**启示** 感悟与讨论

1. 说说你知道的中华文明。
2. 说说你姓氏的来历。
3. 你的家族中有没有寻根问祖活动？
4. 面对祖国的壮丽河山、悠久历史、灿烂文明，你的家乡有没有可开发的寻根游人文景观？

## 第二节　汉字文化

### 一、说文解字"家"

家的意义是什么？小篆家：从宀，豭省（省豭右段）声，本义作"居"解，乃人所居屋，故从宀。徐灏氏以为"家从豕者，人家皆有畜豕也，曲礼曰：'问庶人之富数畜（以豕代众畜）以对'"。即头上有屋瓦，地上养着猪（豕），这便是家。

家道的承传，是华夏文化绵延数千年来，代代不息的薪火。从对祖先的缅怀及祭祀中就能看出，家除了有着对生命延续的忠诚与敬畏外，更具有慎终追远的浓厚伦理思想。

《易》曰："积善之家必有余庆，积不善之家必有余殃。"自古以来，这是非常中肯的家规庭训，对于家庭的教育、家风的承传，以及对后代子孙香火的传递诲勉，"积德"仿佛已经成为家门风范的关键。家家户户无不希望自己的家族能代代荣旺，传承千百年。

《中庸》说："君子之道，造端乎夫妇。"一切的大道理，要从夫妇之间开始。夫妻关系好，长幼次第有序，昆弟和睦，自能稳定家庭。所以修身齐家，才能治国平天下，才能去开创自己的人生事业。家和万事兴，这是几千年来中国文化留下来的至理名言。德国著名文学大师歌德说："无论是国王还是农夫，家庭和睦是最幸福的。"在中国，夫妇恩爱，父慈子孝，兄弟相亲，便是家和的基础。

家家有本难念的经。在家庭生活中免不了会有许多不尽如人意的地方，也许会生出许多烦恼忧愁，如何化解，使人生幸福快乐呢？经，其实说难念也不难念，难念是因为人来到这个世上，便难免历经诸多苦难，更何况天有不测风云，人有旦夕祸福，外有诸多杂事，内有七情六欲，生在如此纷繁芜杂的现实社会中，怎能不生烦恼呀！细细省思，一切烦恼皆由心生起，只要抓住这个根本，一切烦恼忧愁都可以不生。有时就在一念之间，你的生活便豁然开朗。

有个故事流传很广，老太太大女儿卖伞，小女儿卖扇，晴天担心大女儿，雨天又忧愁小女儿。别人让她转念一想，晴天为小女儿欢喜，雨天为大女儿欢喜，忧愁烦恼就烟消云散了。"家"这本经，要用心来念，孟子讲："行有不得，反求诸己。"当你心生烦恼时，多问一下自己，多用一颗宽容、慈爱、诚敬之心去面对、去化解、去感念，这本经里就少了许多酸楚，不再难念。

| 甲骨文 | 金文 | 小篆 |
| --- | --- | --- |
| 隶书 | 楷书 | 行书 |

## 二、说文解字"聪"

小篆"聪"，从耳、恩声，本义作"察"解。乃耳闻其声而心审其是否属实之意，故从耳。又以恩音蔥，本作"多遽恩恩"解，乃迅速之意，聪为反应迅速而有立知其是否属实并察其隐意，故从恩声。其义为：①明察四方曰聪，即视听灵通之称。②闻之审曰聪，即对所闻必须仔细之称。

每个人都希望自己聪明，但真正的聪明是什么？细细忖思，它是有度的。

《论语》"君子有九思"的"听思聪"，就直陈出，"听"要听得清楚，要听明话中之义，更要有明辨是非的能力，不可停留在话语的表象，应当完全了解其中的道理，这就是听而能"聪"之意。尤其是"外听易为察，而内听难为聪"。不见得我们平常听到的就能明其义、通其理，进而审明其话语的曲直以及对内在的启示，因为稍不注意就可能因误听而导致误会或对立。所以，"听"是一门高深的学问，会听与不会听，听明白与不明白，都可能造成天壤之别的后果。

一个聪明的人不仅可以洞察四方，倾听天下，还能观察到事情的细微处，即所谓的"见微知著"。古往今来，聪明的人比比皆是，但仅有聪明没有智慧，人生一样不能圆满。

古时候，有一位叫方仲永的神童，家中世代都是种田人。他自幼天资聪明，五岁能诗，四乡邻里都赞扬有加。有人建议其父让仲永读书，但父亲却说："既然是神童，有天赐的才华，又何必去读书浪费钱财呢？"由于成长阶段，方仲永没有读过一天书，便把自己的天资荒废掉了，长大以后与一般常人没有两样。这告诉我们一个事实：光有先天的禀赋，是远远不够的，后天的勤奋努力，才是日后成材的关键。

还有一种聪明是"机关算尽太聪明，反误了卿卿性命"，也就是常说的"聪明反被聪明误"。多少人因为自恃聪明而自误前程。当人自以为聪明时，其实正显出了另一面的愚昧和无知。就像沙漠中的鸵鸟，以为把头伸进沙子里看不到，就能逃离危险一样。

老子曰："大巧若拙，大辩若讷。"才华横溢，沉默寡言，深藏不露之人，因为明白了锋芒毕露的危险，即使功成名就，也能审时度势，急流勇退，故能免遭厄难，此为大聪之人。周恩来总理曾经说过："世界上最聪明的人是最老实的人，因为只有老实人才能经得起事实和历史的考验。"周总理用他的一生，为我们作了最好的诠释。

有智慧的聪明人、令人惋惜的聪明人、聪明反被聪明误的聪明人、外拙内智的聪明人，还有老实的聪明人……在我们的生活中，您会选择做哪种聪明人呢？

聰 聰 聰

小篆　　隸書　　楷書

聪 砇

行书　草书

**启示** 感悟与讨论

1. 你能说说你对这个字的理解吗？

2. 你能说说你对这个字的理解吗？

3. 说说你知道的汉字文化。

4. 试列举你所知道的字体书写演化，并把它写出来。

5. 随着时代的变迁，汉字的演变，一切源于人类生活与自然界和文化背景的共生力量。你觉得我国的汉字文化还会有怎样的发展？请说说你的看法。

## 第三节　民族团结

"汶川加油！"响彻中华大地！民族团结，全国一心对抗灾害！

2008 年 5 月 12 日 14 时 28 分，四川省汶川县发生 7.8 级大地震。汶川地震惊动了世界，灾区人民的命运也牵动着 13 亿中国人的心。地震发生后，中国地震局启用一级预案。由中国地震局、北京军区和武警总医院组成的国家地震灾害紧急救援队陆续奔赴汶川灾区，负责搜索、营救和医疗救护任务。中国空军派出军用运输机，向灾区空运六千多名空降兵和四台指挥车，执行绵竹、安县、北川地区的抗震救灾任务。民政部也紧急调拨 25 000 顶救灾帐篷支援，其他救灾物资不断地被调集输送。社会各界人士、中国多家企业公司、中国红十字会都在援助四川。而全球华侨华人也心系四川，捐款救灾。面对灾难，团结就是力量。当 13 亿中国人肩并肩、手挽手、心连心的时候，任何困难都是暂时的，任何灾难都是可以战胜的！

## 一、灾区救援队在行动

一所学校的救援现场，一片一片的废墟，到处都是哭喊的声音，救援队发了疯一样地救人。学校坍塌了大半，当时正在上课，几乎有 100 多个孩子被压在了下面，全是小学生。一些消防战士在废墟中抢救出了十几个孩子，然而就在抢救到最关键的时候，余震又来了，教学楼的废墟随时有可能再次发生坍塌。此时再进入废墟救援，几乎等于送死。当时的消防指挥部下了死命令，让钻入废墟的人马上撤出来，等到坍塌稳定后再进入。然而此时，几个刚从废墟出来的战士大叫又发现了孩子，转头又要往里头钻。然而坍塌就要发生了，一块巨大的混凝土块在往下陷，那几个往里钻的战士马上被其他的战士死死拖住，两帮人在上面拉扯，最后废墟上的战士们还是被人拖到了安全地带，一个刚从废墟中救出了一个孩子的战士跪下来大哭，对拖着他的人说："你们让我再去救一个，求求你们让我再去救一个！我还能再救一个！"在场的人看到这一幕都流下了眼泪……

## 二、感天动地的老人

老人端着碗，在宣传牌前止步，看了一会，哆哆嗦嗦地从口袋里掏出 5 元钱，放进募捐箱，还念叨了一句："为了灾区人民……"工作人员愣住了，还没反应过来，老人已经离开，"他好像很累的样子，步履蹒跚，看着他的背影，我就想哭。"本以为这就是捐款过程中的一个小插曲，谁料，下午老人再一次出现，这次，他掏出了 100 元，塞进了募捐箱。"这次可把我们惊呆了！"工作人员紧拉住老人问情况，老人才解释，"我上午就想多捐一点，但钱太零碎了……"工作人员才明白。老人本想多捐一点钱，但身上全是讨回来的一毛两毛还有一些硬币。不好意思拿出来，特地利用中午凑了凑，接着到银行，将身上的零钱兑换出一张一百元。老人一直说："灾区的人比我更困难，他们的生命都受到威胁，不容易啊！"

老人走后，在场很多人都流下了眼泪。保安说："老人常在附近乞讨，平时很少吃到好东西，没想到一下子就捐出这么多……"

## 三、全球华侨华人共渡难关

2008 年 5 月 12 日，在获知中国四川省汶川县发生 7.8 级强烈地震并造成大量人员伤亡的消息后，美国、阿根廷、澳大利亚和奥地利等国的华侨华人在第一时间紧急行动起来，号召各侨团和个人踊跃捐款，帮助灾民渡过难关。

由全美大西南同乡联合会牵头，美国南加州地区多个侨团在当地时间 12 日下午举行新闻发布会，通过媒体向华人社区介绍地震灾区的最新情况，并发起为灾区捐款活动。全美大西南同乡联合会会长周娓娓说，12 日发生的特大地震让身在美国的许多四川籍华侨华人感到十分揪心，他们纷纷希望以实际行动支援家乡灾区的亲人，通过捐款的方式帮助灾民渡过难关。

大西南同乡联合会在新闻发布会上公布了捐款账号和电话，并保证到账的赈灾款将尽快通过中国驻洛杉矶总领馆转交到灾民手中。

美东华人社团联合总会 12 日召开紧急会议，发动捐款，即席筹款逾 5 万美元。华联总会执行主席黄克锵说，这次美东华人社团联合总会的捐款活动，除总会内部发动募捐外，各侨团还把行动贯彻到侨社最基层，落实和体现了"一分一厘显真情"的心意。

华盛顿地区四川暨重庆同乡会 12 日向四川省和重庆市人民政府侨务办公室致信，对地震灾区人民表示诚挚慰问和亲切问候。信中表示，同乡会将密切关注灾情进展，多方组织赈灾筹款活动，为灾区人民恢复生产、重建家园给予支持和帮助。

阿根廷中国和平统一促进会 12 日发出紧急呼吁，号召全体华侨华人行动起来，向中国地震灾区人民奉献一片爱心，为抗震救灾、重建家园贡献力量。

澳大利亚首都地区中国和平统一促进会、堪培拉华人团体联合会、悉尼中国和平统一促进会以及悉尼其他华侨华人团体 13 日发表声明，紧急呼吁全澳华侨华人和中国留学生，大力发扬中华民族"一方有难，八方支援"的传统美德，奉献爱心，捐款赈灾，帮助地震灾区人民克服困难，尽快恢复生产、生活。

27 个奥地利侨团代表 12 日晚召开紧急会议，决定立即行动起来，动员侨界支援国内同胞抗灾。各侨团致电向国内灾区人民表示慰问，同时紧急呼吁奥地利华侨华人以实际行动支援灾区，并保证将尽快把捐款汇集起来送往中国灾区。

全球华侨华人在此次抗震救灾中的易善之举充分表达了骨肉同胞血浓于

水的赤子深情，彰显了全球华侨华人扶危济困、回馈社会的人文精神，体现了全球华侨华人情系灾区、以人为本的爱心奉献，弘扬了全球华侨华人关爱社会、造福桑梓的优良传统，将被历史和人民永远铭记。

汉川地震在给中国带来巨大灾难的同时，也给我们留下了宝贵的财富。在全力以赴抗震救灾的过程中，涌现出了许许多多感人的事迹，让人们为之动容，世界为之感动，让世界了解了中华民族的团结奋进的精神，也感受到了中国的强大力量。

民族团结是一种精神、一种思想整合力量、一种追求，它对凝聚人心、整合社会起着重要的作用。

## 启示 感悟与讨论

1. 你如何理解民族团结？
2. 你有没有认识其他民族的朋友或者知道其他民族朋友的故事？
3. 试列举民族团结、全国一心做的事情。
4. 团结力量大，共生，共赢，举例说明你与同学朋友合作完成的事情。你觉得人类应怎样和谐共处，合力发展，请说说你的看法。

## 群文 文献与博览

阅读本章后，请你找相关文献，博览群文，寻找相同主题和内容的文章或资料，以拓展你的知识和开阔你的视野。

## 创感 联想与创作

读完本章你有何联想和创感？有没有创作的冲动？如果有，请你做一名创客，用你喜欢的作品形式，展示你的创感和创意。

# 《龙的传人》①

遥远的东方有一条河
它的名字就叫黄河
虽不曾看见长江美
梦里常神游长江水
虽不曾听过黄河壮
澎湃汹涌在梦里
古老的东方有一条龙
它的名字就叫中国
古老的东方有一群人
他们全都是龙的传人
巨龙脚底下我成长
长成以后是龙的传人
黑眼睛黑头发黄皮肤
永永远远是龙的传人
百年前宁静的一个夜
巨变前夕的深夜里
枪炮声敲碎了宁静夜
四面楚歌是姑息的剑
多少年炮声仍隆隆
多少年又是多少年
巨龙巨龙你擦亮眼
永永远远地擦亮眼

共生哲学读本
GONGSHENG ZHEXUE DUBEN

---

① 歌曲《龙的传人》，台湾作曲家侯德健于 1978 年 12 月 16 日创作。

# 龙的传人[①]

我们都知道，龙并不是一种真实的动物。它只存在于中国人的想象和传说中，是中华民族远古时期所崇拜的图腾。

龙之所以备受中国人崇敬，是因为在中国人的心目中，龙是出类拔萃、变幻万千、无所不能的。龙高居天上，它能呼风唤雨，翻江倒海。天下旱涝，庄稼丰歉，人间祸福，全凭它的旨意。

龙是至高无上的权力的象征，皇帝自认为是"真龙天子"。他的身体称为"龙体"，他穿的衣服是"龙袍"，他坐的椅子是"龙椅"……故宫里单是太和殿，便装饰有一万三千多条龙。

但龙的形象并非帝王所专有，在老百姓的心目中，龙又象征着自由、欢腾和完美。所谓"金龙献瑞""龙凤呈祥""龙飞凤舞""龙腾虎跃"，说的就是这种祥和、幸福、欢腾、自由的景象。

西方也有龙的传说，但西方的龙不同于中国的龙，西方的龙往往集各种凶恶于一身，专干害人的事情。中国的龙则是集各种能力于一身，象征着中国人对自由完美的向往和追求，所以中国人常常自称为"龙的传人"。

# 乡愁[②]

小时候，乡愁是一枚小小的邮票，
我在这头
母亲在那头
长大后，乡愁是一张窄窄的船票，
我在这头，新娘在那头
后来啊，乡愁是一方矮矮的坟墓，
我在外头，母亲在里头
而现在，乡愁是一弯浅浅的海峡，
我在这头，大陆在那头

---

① 本文根据相关材料编写。
② 余光中：《白玉苦瓜》，台北：大地出版社，1974 年。

# 乡愁①

故乡的歌是一支清远的笛，
总在有月亮的晚上响起。
故乡的面貌却是一种模糊的怅惘，
仿佛雾里的挥手别离。
离别后，
乡愁是一棵没有年轮的树，
永不老去。

# 乡愁②

二十年前出国的时候，一个女友交给我三只扎成一团的牛铃。在那个时代里，没有什么人看重乡土的东西。还记得，当年的台北也没有成衣卖。要衣服穿，就得去洋裁店。拿着剪好的料子，坐在小板凳上翻那一本本美国杂志，看中了的款式，就请裁缝给做，而纽扣，也得自己去城里配。那是一个相当崇洋的时代，也因为，那时台湾有的东西不多。当我接过照片左方的那一串牛铃时，问女友哪里弄来的，她说是乡下拿来的东西，要我带着它走。摇摇那串铃，它们响得并不清脆，好似有什么东西卡在喉咙里似的，一碰它们，就咯咯地响上那么一会儿。

将这串东西当成了一把故乡的泥土，它也许不够芳香也不够肥沃，可是有总比没有好。就把它带了许多年，搁在箱子里，没怎么特别理会它。

等我到了沙漠的时候，丈夫发觉了这串铃，拿在手中把玩了很久，我看他好似很喜欢这串东西的造型，将这三个铃，穿在钥匙圈上，从此一直跟住了他。

以后我们家中有过风铃和竹条铃，都只挂了一阵就取下来了。居住的地区一向风大，那些铃啊，不停地乱响，听着只觉吵闹。不如没风的地方，偶尔

① 席慕蓉：《无怨的青春》，北京：作家出版社，2010 年。
② 三毛：《三毛作品集》，呼和浩特：远方出版社，1998 年。

有风吹来，细细碎碎地洒下一些音符，那种偶尔才得的喜悦，是不同凡响的。

以后又买过成串成串的西班牙铃铛，但它们发出的声音更不好，比咳嗽还要难听，就只有挂着当装饰，并不去听它们。一次我们住在西非奈及利亚，在那物质上吃苦，精神上亦极苦的日子里，简直找不到任何使人快乐的力量。当时，丈夫日也做、夜也做，公司偏偏赖账不给，我看在眼里心疼极了，心疼丈夫，却反而歇斯底里地找他吵架。那一阵，两个人吵了又好，好了又吵，最后常常抱头痛哭，不知前途在哪里，而经济情况一日坏似一日，那个该下地狱去的公司，就是硬吃人薪水还扣了护照。

这个故事，写在一篇叫做《五月花》的中篇小说中去，好像集在《温柔的夜》这本书里，在此不再重复了。就在那样沮丧的心情下，有一天丈夫回来，给了我照片右方那两只好似长着爪子一样的铃。我坐在帐子里，接过这双铃，也不想去摇它们，只是漠漠然。

丈夫对我说："听听它们有多好，你听——"接着他把铃铛轻轻一摇。那一声微小的铃声，好似一阵微风细雨吹拂过干裂的大地，一丝又一丝余音，绕着心房打转。方要没了，丈夫又轻轻一晃，那是今生没有听过的一种清脆入谷的神音。听着、听着，心里积压了很久的郁闷这才变做一片湖水，将胸口那堵住的墙给化了。

这两只铃铛，是丈夫在工地里向一个奈及利亚工人换来的，用一把牛骨柄的刀。

丈夫没有什么东西，除了那把不离身的刀子。他用唯一心爱的宝贝，为了使妻子快乐，换取了那副铃铛。那是一把好刀，那是两只天下最神秘的铜铃。

有一年，我回台湾来教书，一个学生拿了一大把铜铃来叫我挑。我微笑着一个一个试，最后挑了一只相当不错的。之后，把那两只奈及利亚的铜铃和这一只中国铃，用红线穿在一起。每当深夜回家的时候，门一开就会轻轻碰到它们。我的家，虽然归去时没有灯火迎接，却有了声音，而那声音里，唱的是："我爱着你。"

至于左边那一串被女友当成乡愁给我的三个铜铃，而今的土产、礼品店，正有大批新的在卖。而我的乡愁，经过了万水千山之后，却觉得，它们来自四面八方，那份沧桑，能不能只用这片脚踏的泥土就可以弥补，倒是一个大大的问号了。

# 汉字的魅力①

  如果查一查全世界的"文字户口本"，会发现汉字已经五千多岁了。它经历了商朝、周朝、秦朝、汉朝、魏晋，直至唐宋元明清到今天；汉字自身从甲骨文发展为金文、大小篆、隶书、楷书、行书和草书等七种字体，称为"汉字七体"。

  汉字是民族文化的根，是中华民族一切文化的载体，掌握好汉字和汉语，打好汉字语言基础，是进行一切中国文化再创造的基石。我们的《诗经》《楚辞》和唐诗宋词，都是依赖汉字才能传承至今。中国古代将"琴棋书画"作为读书人的四项基本素养，其中"书"就是书法，即汉字书写。汉字是形、音、义三者结合的文字，其形有图画之美，讲求造型线条布局；其声含音乐之美，严格于韵律平仄节奏；其义富于哲理思辨之美。有诸多同音字，同音异义，即有不同的意思及其内涵。汉字形象生动，直观上就给人说不尽的文化享受。汉字四声给人十足的乐感和节奏感。汉语最简明，一篇英文文章若译成中文，往往只占原文篇幅的70%左右。国学大师陈寅恪曾说："依照今日训诂学之标准，凡解释一字即是作一部文化史。"

  解释一字即是作一部文化史。这话听来似乎玄了一点，但汉字的深邃与学问却真的字字如经，意蕴万千，奥妙无穷。

  "过门不入"，这是人们耳熟能详的一句成语，它的"文化感"和"历史感"都十分鲜明：上古尧、舜时代，出现过一次洪水泛滥的巨大灾难，这场水灾前后经过了二十多年，受灾地区广，损失严重。先是尧当政，特派过一位治水的总管，名叫鲧，命他平定洪水，拯救灾民。可是他水来土掩，积土阻水，九年不治，因失败而被处死。尧后来让位舜，舜又任命禹继续治水。禹是鲧的儿子，他吸取了父亲失败的教训，改用疏导之法，依据山形地势与河流位置，整体规划水道，让水由小渠流入大川，由大川再流向海洋。按这个整体设计、规划、施工，奋战十三年后治水成功。在这十三年里，禹带领百姓修建了许多水利工程。据说浙江的会稽山，传说就是由于禹在那里计议过治水工程而得名。黄河的龙门、三门峡，传说都是禹领导开凿的。禹也疏导过长江上游，在巫山，还曾因施工错误，错开了一道峡谷，这"错开峡"

---

  ① 高深：《汉字的魅力》，中国社会科学网，http：//www.cssn.cn/。

便成了如今四川省巫山县的一个古迹。

禹十三年治水，没工夫考虑家人私事。他手掌脚掌都磨出了厚茧，皮肤又粗又黑，由于长年在水里泥里奔波，还患上风湿症，走路一颠一簸。《庄子·天下篇》用六个字描写禹治水的劳苦："沐甚雨，栉疾风。"洗头叫"沐"，梳理头发叫"栉"。暴雨洗头，狂风梳发，虽是简短的六个字，描写得却非常形象生动。后来人们用"栉风沐雨"四字，形容长期在野外工作的辛劳。

禹三十岁还没结婚。在涂山（今浙江省绍兴市西北）遇到一位名叫女娇的姑娘，心生爱慕，可是两人没谈上几句话，禹就要去视察灾区而不得不跟姑娘告别了。女娇敬爱禹，天天盼着同他再次见面，后来可算盼回来了，也就草草地办了婚事，不到四天禹又匆匆离家奔往治水现场。后来女娇被送到禹的老家安邑（今山西运城附近），之后十三年里，禹很难得回安邑；几次路过家乡，甚至曾三次经过家门口，听到孩子的哭声，但都因为水情危急，没能走进家门看看。他说："时间宝贵啊！即使是短短一寸光阴，也必须珍惜争取利用！"《列子·杨朱》说：禹"过门不入，身体偏枯，手足胼胝"。《孟子·离娄》也说：禹"三过其门而不入"。对于禹的艰苦卓绝的精神，人们历来都十分景仰。后来"三过其门而不入"或"三过家门而不入"，就成了赞扬公而忘私者的美言，进而简化为"过门不入"。关于禹"珍惜光阴"或叫做"寸阴自惜"之说，史上也有记载。《晋书·陶侃传》载：晋人陶侃常说"大禹圣人，乃惜寸阴；至于众人，当惜分阴！"像大禹那样的圣人，连一寸光阴都不浪费，那么我们普通人，就更得珍惜每一分光阴了。

这句成语为陈寅恪先生的"凡解释一字即是作一部文化史"之高论，作了最有力的佐证。

世界上最古老的文字是汉字，也只有汉字同时具有表音、表意、象形等特征，其自身的结构就包含着丰富而深刻的文化元素，反映了汉民族的文化特质。没有汉字就没有辉煌灿烂的中国古代文明，可以说汉字是中国文明的起源和重要标志。中华民族引以为豪的四大发明都是汉字的衍生物，汉字是中华儿女在历史长河中创造的"五大发明"之一，是一切中华文明存在的基石。我坚定地认为："文化之根在文字，字中有乾坤，字中有古今，字中有大道，字中有人生。"

数千年发展积淀的汉字书写和传承，正面临着巨大的挑战。键盘敲字使越来越多的人提笔忘字，由于丢掉了笔，漠视了书写，汉字在相当一部分人的笔下，失去了原有的光彩与神韵；现行的强势的应试教育还使一些在校的学生，把学习掌握外语作为学习语言文字的首选，使其对有五千多年传统的汉字有了生疏感，少了亲切感，于是阅读和作文几乎成了很多学生的弱项。作为汉民族最宝贵的文化遗产，汉字面临着极大的挑战，甚至遭到某些数典忘祖者的怠慢和不敬。

有一则新闻，某好事者，在繁华街道上，选择白领或儒雅人士，请他们帮忙代写"尴尬"二字，一连请了十位路人，其中有在读的大学生，也有戴深度眼镜的公司职员。令人遗憾的是，这十人中，竟然没有一位完全正确地写出"尴尬"二字。

我认识一位在电脑上写作多年的中年朋友，2007年回农村老家，他父亲让他代笔给有关部门写一封信，感谢政府免了农业税。他铺好信纸，可没写上几个字，便两眼望天，多次举笔沉思，不停地摇头，有些字越写越看越不像，最后不得不找来小侄儿用的学生字典，靠翻字典才勉强写完了那封信。

汉字是独立的，几乎每个字都具有自己的个性，不容混淆，不可张冠李戴。据说，清朝李鸿章有个远房亲戚，不学无术，却梦想参加科举，平步青云。有一年，他进京参加殿试，卷子一拿到手里就傻眼了，完全不会做。笔在纸上胡乱划拉半天，自己都不知道写了些什么。后来他灵机一动：我是中堂大人的亲戚，把这层关系亮出来，监考官还敢不录取我？于是他在试卷高头写道："我是李中堂大人的亲妻（戚）"，把"亲戚"写成了"亲妻"。哪知监考官为人正直，看到他狗屁不通的答卷，正想丢到字纸篓里，忽见卷面上有一行特别显眼的字，看后冷笑片刻，在卷上批道："因你是中堂大人亲妻，借给我一百个胆子也不敢娶（取）你。"

汉字的奥妙与神韵是讲不完的，它涵盖了中华民族的风俗、习惯、思想、智慧。有的字是几个字根组成的，有的字是与其他字的加减而组成的，蕴含着多层隐喻和巧妙。我女儿上小学的时候，对"高小立"这个名字很不喜欢，别的女孩子有的叫"丽"，或者叫"莉"，她对自己这个"立"几乎不能接受，扬言我要不给她改名，她就自己改了。我只好耐心地给她解释，为什么取这个"立"字。我说："你这个'立'字，是在'人'字和'大'字的基础上生成的。'人'字中间加一横念大，'大'字上面加一横念天，表示人头顶上是'天'。若'大'字下面加一横，就是你高小立的'立'字。这一横表示是地，上有天下有地，人一定要脚踏实地才立得起来，也有点顶天立地的意思。你好好想想'高小立'这三个字，从小就脚踏实地，还有点顶天立地。这名字多好啊！"女儿欣慰地笑了，认为父亲起的名字是最好的名字。

近年来，中央电视台、河南电视台先后推出"中国汉字听写大会"和

"汉字英雄"两档语言文字类节目，收视率创下新高。这两个文化节目，不仅要求参赛选手必须完全正确地写出考官提问的汉字或成语，考官和裁判还要对题中汉字或成语典故进行讲解，包括出处及延展字面背后的故事与知识。这种节目既是对文化传承的引领，又是对汉字普及的提高。坦白地说，我认为这是一场汉字保卫战。这场保卫战不是"敲键盘"以后开始的，近一百年，汉字先后遭遇来自各个阵营、各个方面的挑战。

　　事实已经证明，当今世界，除了十三亿多中国人一直稳定地使用汉字，还有数千万洋人正在学习汉字，全世界几乎每个角落里都有学习汉字的人。汉字的生存史和发展史，证明了一个颠扑不破的真理：任何事物的存在与灭亡，都不是外在力量所能左右和决定的，关键在于自身的生命力。

# 大爱无疆　爱心妈妈阿尼帕<sup>①</sup>

2009 年 2 月 28 日，阿尼帕获得了新疆首届十大杰出母亲称号。69 岁的新疆奇台县维吾尔族老人阿尼帕·阿力马洪和丈夫阿比包共养育了 19 个不同民族的孩子，其中 10 个孩子是他们收养的汉、回、哈三个民族的孤儿，加上塔塔尔族、乌孜别克族的女婿、儿媳，全家共由六个民族组成。阿尼帕夫妇以博大的慈爱之心，创造了人间至真至纯的旷世奇爱。

## 泉水最清，母爱最真——哈萨克谚语

这段感人的故事要追溯到 20 世纪 60 年代初。当时 23 岁的阿尼帕年轻漂亮，与丈夫阿比包养育着自己的两个孩子，加上因父母去世一起生活的三个妹妹，一家七口过着虽平淡却很幸福的生活。

1963 年，她们的哈萨克族邻居牙和甫夫妇相继去世，撇下了三个半大孩子。看着这三个没了爹娘的孩子，阿尼帕想把他们接到自己家里。但在那个连续三年遭受严重自然灾害的年代，家家都是节衣缩食，全家人的生活仅靠丈夫阿比包每月 47 元的工资，十几岁的孩子正是"半大小子吃穷老子"的年龄，这多一张嘴就是多一份生活的艰难呀。然而，生性善良的阿尼帕深知孩子失去父母的辛酸和孤单，没有利益的驱使，没有豪言壮语，只是一种人性最本能的选择："总不能眼睁睁地看着这三个娃娃饿死……"

一句再简朴不过却掷地有声的话语，让阿尼帕的一生与人间大爱紧紧联系在了一起，也注定了她一生的劳苦艰辛。

时隔 14 年后的 1977 年，阿尼帕又收养了王淑珍兄妹四个汉族孤儿。在回忆起被领回阿尼帕家第一天的情景时，已是中年的王淑珍总是泪流满面，泣不成声。

那是特别寒冷的一个冬日，11 岁的王淑珍兄妹四人在父亲去世后，随母亲改嫁到了回族金学军家，不久，母亲撒手人寰，兄妹几个便流浪街头。阿尼帕的妹妹在天寒地冻的医院门口发现了冻饿交加的小淑珍，便将她领回家。

---

① 张雷:《新疆民族团结故事之二：大爱无疆　爱心妈妈阿尼帕》（有删节），中国广播网，http://xj.cnr.cn/。

共生哲学读本
GONGSHENG ZHEXUE DUBEN

小淑珍一进家门，屋里正在玩耍的其他孩子全都捂着鼻子跑了出去，因为小淑珍身上衣服又破又脏，头上长满了头癣和癞疮，流着发出臭味的脓水，满脸污垢，整个人乍一看上去，没有一处是完整的。

看到小淑珍这个样子，阿尼帕那作为女人最原始的母性，最自然的舐犊之情油然而生。她心疼地一把将小淑珍揽在怀里，眼泪哗哗地流下来："可怜的孩子呀，你原本该是在妈妈的怀里撒娇呀，为什么会成了这个样子呀，要是妈妈看到你这样，会心疼的。"

阿尼帕烧了一锅热水，轻轻地将小淑珍浑身上下搓洗干净，换上暖和的衣服，又给小淑珍做了一盘香喷喷的拌面。为了治好小淑珍头上的头癣和癞疮，阿尼帕从第二天开始，每天带小淑珍去医院上药。两个月后，小淑珍长出了浓密的黑发，那张清秀的脸也复原了。就这样，在阿尼帕这个没有丝毫血缘关系的维吾尔族妈妈的一抱一洗一治疗后，王淑珍一生的命运被改变了，这个街头流浪没人疼的孤儿有了一个温暖的家，一份胜似亲生母亲的爱。

直到现在，人到中年的王淑珍依然留着过膝的长发，她说，是妈妈给了她这头青丝，她要用这长发见证和铭记这份无私博大的母爱。如今，王淑珍和女儿的户口还在阿尼帕妈妈的户口本上，结婚十几年了，丈夫的户口本上却还是一个人。王淑珍真不想把自己的户口从这个大家庭中迁走，她希望在妈妈这里能待多久就待多久。

命运不济，在王淑珍被收养的几个月后，她的继父又一病不起，看到几个衣不蔽体的孩子蜷缩在一张破旧的毡子上，阿尼帕的心都快碎了，她默默地把王淑珍的哥哥和两个妹妹带回了家。1989 年，王淑珍的继父金学军因病去世，留下了金海、金花、金雪莲 3 个孩子，阿尼帕又义无反顾地将这 3 个回族孤儿接到了家里。

至此，阿尼帕共收养了 10 个孤儿，加上自己生育的 9 个孩子，一大家子20 多口人，在那个物资极度匮乏的年代，要一天天地过日子，谈何容易。

那是阿尼帕家最困难的时期。没有新房，全家住在 4 间土平房里，十几个岁数差不多的孩子们睡在一张垫着麦草、铺着旧毡子的大炕上。穿的衣服，往往是老大穿完阿尼帕缝补之后老二、老三接着穿，直到穿破为止，阿尼帕最小的亲生女儿到了上初中时还没穿过一件新衣裳。住的、穿的都可以勉强过去，最让阿尼帕发愁的是孩子们一日三餐的吃饭问题。

阿尼帕几乎把所有时间、所有的心思、所有的爱心都用来照料这一大群孩子上，为了给一家 20 多口人做饭，她辞去了在食品厂的工作。为了让孩子们吃上饱饭，阿尼帕几乎把所有的收入都换成可以吃的东西。她专门买了一

口直径 1.2 米的铁锅和一个特大号的盘子，这个锅被孩子们称作"团圆锅"。做一锅饭，一个人分不了一碗，锅就见底了；打一坑馕，十几个孩子围在馕坑边熟一个吃一个。他们哪里知道，阿尼帕夫妇从来都是只吃半饱。

为了不让孩子们饿着，阿尼帕两口子想尽一切办法弄吃的。丈夫阿比包下了班就去打土块卖，哪怕每块只挣一分钱。他去帮别人宰牛宰羊，目的就是想得到一些牛羊杂碎，改善一家大小的生活；他曾到后山上捡骨头，是为了熬汤给孩子们喝；阿尼帕也经常在春天里去挖野菜，秋天出去捡麦子，拾土豆，用这些换面粉、玉米面给孩子们吃。

从收养 3 个哈萨克族孩子到再收养 7 个不同民族的孩子，阿尼帕和丈夫阿比包承受了常人难以想象的艰辛。那时候他们自己也有 9 个孩子，因为丈夫阿比包的工作和环境，不能为孩子创造更好的条件，自己的亲生孩子只好忍痛放弃了学业。为了尽心照顾抚养这些孩子，为了让领养的儿女们也能够健康成长，阿尼帕妈妈没能出去工作。

为了贴补家用，阿尼帕曾在食品厂里找了一份工作，说是工作，其实就是清洗羊肚和羊肠，每个月按计件可以挣到 36 元钱。这是个苦差事，每天早晨六点多起床，做好孩子们的饭后，她就来到青格里河畔开始了一天的忙碌。双脚浸在冰冷的河水里，双手不停地撕扯着粪便、杂物，一根根地捋顺，又一根根地盘起……周而复始，一年又一年。就连她在生完最小的孩子没满月时，也没有耽误洗肠子的活，这对于一个女人，是身体上致命的摧残。恶劣的环境、长期超负荷的劳动，使她患上了严重的风湿病。母爱无痕，根根羊肠，消逝了她青春的容颜；涓涓细流，倾注了慈母无限的爱心。

就是在那样的年月里，性格开朗、乐观、善于持家的阿尼帕，没有被生活的重担压垮，始终对生活充满着信心。她相信，孩子们终会长大成人，日子会逐渐好起来的。尽管家里 19 个孩子，连吃饭穿衣都很困难，但阿尼帕夫妇仍然省吃俭用，从牙缝里省出钱来让孩子们去上学。孩子们晚上要做作业，家里用不起电灯，阿尼帕就找来破棉絮搓成条，放在羊油碗里点燃照明，让孩子们学习。

**骏马要看它的眼睛——哈萨克谚语**

从 1963 年收养吐尔达洪三兄弟到 1994 年 10 月金雪莲出嫁，维、哈、汉、回 4 个民族的孩子在这个家里生活、长大，成家、立业，度过了整整 32 年的时间！

32 年对每个人来讲，都是漫长的岁月，从 20 出头初为人母到年近六旬的老人，阿尼帕含辛茹苦地将这些不同民族的孩子抚养成人。在无限的爱心和有限的力量之间，阿尼帕夫妇从来没有动摇过，在他们的眼中，没有民族，没有亲疏，不论是亲生还是收养，都视如己出。

　　阿尼帕的亲生小女儿回忆起当年的情景说，她们兄妹几个当时特别恨妈妈，家里那么穷，干吗还要再收养别人家的孩子呢？尤其是在每年过年时，别人家的孩子都有新衣服穿，而她们却没有；过六一儿童节时，别人家的孩子可以买好吃的带去学校，而她们只能带家里做的酸奶和半块馕。

　　有一年，小女儿已上初中了，阿尼帕买回来一条花裙子，从来没有穿过新衣服的小女儿以为是给她买的，阿尼帕却给了王淑珍穿，小女儿伤心极了，一天都没吃饭。如今，在当了母亲后的小女儿才体谅到了妈妈那时是多么不容易。在阿尼帕的心里，每一个都是她的孩子。提起这些事的时候，阿尼帕老人只是一个劲地抹眼泪，这泪水是想起过去苦日子的辛酸，也是看到儿女懂事后的幸福！

　　王作林是让阿尼帕夫妇最操心的孩子，也是最孝敬两位老人的孩子。1989 年，初中毕业后的王作林受社会上不良青年的影响，严打期间，被判了 3 年刑。听到这个消息，阿尼帕好几天都吃不下饭、睡不着觉，不停地责怪自己对孩子关心不够。为了打消王作林的顾虑，让他安心服刑，阿尼帕挤出生活零用钱，和丈夫阿比包一起买上衣物坐了 400 多公里的车去看望他，还说服家里所有的兄弟姐妹不要歧视这个兄弟。

　　1992 年，王作林刑满回家，阿尼帕和丈夫不顾有病的身体四处东跑西找，为他解决了城镇户口，并把他安排到水泥厂工作。王作林夫妇从水泥厂双双下岗，日子过得很艰难。阿尼帕又拿着钱、肉和面粉跑了几十公里送上门。回来后，老两口商量着在城里给儿子找块地方卖羊杂碎。又东拼西凑了几千元钱，买回了一辆旧车，跑出租，如今王作林和妻子依托国道 216 线改道途经省道 228 线的机遇，在路边开起了旅社和饭馆，生意红红火火。

　　被阿尼帕收养的这 10 个不同民族的孤儿们既是不幸的，又是幸福的。这些孩子们在这个家里重新获得了温暖，10 个孩子都让爸爸妈妈给自己起了维吾尔族名字。王淑珍叫哈比扎，是"保护"的意思；王作林叫"切布"，意思为大树分出来的枝丫；王淑英叫"热孜亚"，是春天的意思；王淑花叫"阿依古丽"，意思是月亮花；金花叫"玛丽亚"，意思是对父母好的女儿；金海叫"热马赞"，意思是男孩要像太阳一样热情、有力量；金雪莲叫"索菲亚"，意思是清秀、鲜亮，在收养的孩子里数她最小，也最受疼爱。名字说明了一切。每一个名字都表达了阿尼帕夫妇的一种爱意和希望，同时又包含着一种承诺。

### 英雄要看他走过的脚印——哈萨克谚语

除了抚养孩子，阿尼帕还做了很多的好事，有人形容她做的好事"像天上的星星数不清"。

2003年，阿尼帕妈妈在市场上碰到来青河县寻亲无望差点自杀的哈萨克姑娘古丽，她及时劝说姑娘打消了自杀念头，看她没地方吃住，还叫她到家里来，安排和自己的女儿一起住。她让古丽先安顿下来，寻亲的事情再从长计议。渐渐地，姑娘将阿尼帕妈妈和阿比包爸爸一家当做自己的亲生父母。她道出寻亲的原委：姑娘在石河子爱上了一个叫巴哈提的小伙，后来小伙子回了家乡，回家前小伙子只说家在阿勒泰，也没有说在具体的地方。古丽一路打听过来，才知道在阿勒泰叫巴哈提的人太多了，找这个人简直是大海捞针。古丽跑遍了阿勒泰地区的各个县，最后来到青河县，决定再找不到心上人，她就一死了之。

听到此，阿尼帕妈妈心疼地一把抱住姑娘："好姑娘，千万别干傻事，好小伙，还多得很。只要大妈大伯在，就不许你走这条路!"阿尼帕妈妈害怕古丽姑娘闲下来会再想不开，就把她安排在自家亲戚餐馆打工，并想方设法和她的家人联系上，把她送回到石河子。现在，回到石河子的古丽已和当地的哈萨克小伙子组建了小家庭。她感激地说，如果不是阿尼帕妈妈一家人，她绝没有今天的幸福生活。

2003年，大龄孕妇江阿古丽生小孩要提前住院，但她家里贫困，为了节约开支，阿尼帕让她住在自己家里，还帮她筹集了1 000元钱。到临盆生产时，江阿古丽又大出血，要做剖宫产手术。当晚，阿尼帕带上所有的儿女到医院里验血，随时需要就献血。出院后，阿尼帕又把江阿古丽接到家里照顾了一个月。

也是这一年的5月，乌拉斯汗怀孕时在青河县医院检查发现胎儿脑积水，必须要"引产"，否则这孩子就会死在肚子里。但乌拉斯汗家很贫困，她又不会汉语，后来阿尼帕妈妈帮助她，把她送到阿勒泰地区医院，她才顺利做了手术。

阿尼帕家里，来来往往的人很多，很多牧区的哈萨克同胞有事都到家里聚合，交流信息，商量生产情况、牧业转场等事宜，阿尼帕妈妈从不嫌弃，

总是热情帮助他们，还拿出最好的东西招待他们，给他们免费提供吃住，大家说，阿尼帕妈妈家成了牧民的"牧业办"了。

阿尼帕的丈夫阿比包是一名乡村干部，一家人生活基本就靠丈夫的工资，所以用起钱来阿尼帕是能省则省，但是，当有人需要帮助时，她总是倾其所有，不计回报。2008 年 5 月，汶川地震的消息传来，阿尼帕和丈夫捐出了1 000元，阿尼帕妈妈每天在家里看电视，看着失去父母的地震孤儿她总是泪水盈盈。她说，一看到这些可怜的孩子，我的心就软了，如果再给我 10 个孤儿，我也愿意抚养，只要我有口吃的，就有他们的。

实际上，阿尼帕就像是幼儿园园长。阿尼帕的侄女热孜万古丽是青河县希望小学的老师，她说："我就是喝姨妈的奶长大的。"阿尼帕的小妹妹哈丽卡姆说："大姐阿尼帕和姐夫结婚后不久，我们的父母相继去世，我们 6 个姐妹全在姐姐家住，当时姐姐 22 岁，最小的我才 5 岁。姐姐和姐夫实际上承担的就是父母的角色，把我们全部抚养成人。"

很多人说，阿尼帕是最具有美好品格的人。她儿子阿奔 1996 年不幸去世，撇下了怀孕的妻子、残疾的亲家母和一个精神失常的小叔子。很多人说直接将儿媳妇接回来，别的就不要管了。看着媳妇这么破败的家，阿尼帕妈妈一阵心酸，为了不让老人伤心，就一直没提让媳妇回来的事，平时只要媳妇家有事，她立即打发家人去帮忙。

老干部阿克木克沙在政策没平反前，没有工作，没有钱，心情十分烦躁，阿尼帕和丈夫总是好心地安慰他，劝他宽心，帮助他找有关部门落实政策。一年多的时间过去，阿克木克沙就住在阿尼帕妈妈家，直到政策落实。现在回到精河养病的阿克木克沙不时和阿尼帕联系，阿比包去世了，他非常牵挂，还坐车过来看阿尼帕。

在青河林场工作的张爱国不会忘记，他出生时，妈妈没有奶，是好心的阿尼帕妈妈省出自己喝的牛奶送给他家。张爱国深情地说："要不是阿尼帕妈妈，我早就饿死了。"

切克斯是青河阿尕什敖包乡的贫困户，他的手有严重的残疾，生活自理能力差，从 1984 年以来，他家里的面粉常年都是阿尼帕妈妈供应的。

爱，多一点付出，就会得到更多更大的满足，也会让爱得到升华，因为，爱加上爱是更多的爱。在青格里河畔这家朴素的屋子里，每天都上演着一幕幕人间温情剧，感动着每一个人。

# 香港回归祖国，"一国两制"率先垂范①

    1842 年 8 月 29 日，英国侵略者通过鸦片战争迫使清政府签订丧权辱国的《南京条约》，将香港岛割让给英国。1860 年 10 月 24 日，英借口九龙半岛秩序混乱，英国的利益受损，强迫清政府与之签订《北京条约》，将粤东九龙司地方"并归英属香港界内"。1898 年 6 月 9 日，英国又强迫清政府签订《展拓香港界址专条》，强租原九龙半岛界限街以北、深圳河以南，东起大鹏湾，西至深圳湾，面积达 946.6 平方公里的大片地区，租期 99 年，至 1997 年 6 月 30 日。至此，香港本岛加上深圳河以南整个九龙半岛及附近约 200 多个岛屿、约 1 071 平方公里的地区，全部被英国侵占。

    对于这三个不平等条约，中国人民是从来不承认的，并为此进行过长期的抗争。清政府被推翻后，历届中国政府也从未承认过。

    新中国成立之后，我国政府宣布，香港是中国的领土，中国政府不承认英帝国主义强加的三个不平等条约，主张对这一历史遗留下来的问题，在条件成熟的时候，经过谈判和平解决；在未解决之前维持现状。1971 年 11 月后，随着我国在联合国的合法席位的恢复，国际上承认了中国对香港、澳门所拥有的主权，同时也为我国通过外交途径同英国进行双边谈判解决香港问题创造了条件。

    1982 年 9 月，英国首相撒切尔夫人第一次访华，与我国领导人就香港问题进行了会谈。邓小平在接见撒切尔夫人的谈话中就指出：香港问题主要是三个问题，一是主权问题；二是 1997 年后中国采取什么方式来管理香港，继续保护香港的繁荣、稳定；三是中英两国如何使香港在十几年的过渡期内不出现大的波动。在主权问题上，英方起初坚持"三个条约仍然有效"，后又提出"以主权换治权"。邓小平斩钉截铁地告诉她："主权问题不是一个可以讨论的问题。""如果不收回，就意味着中国政府是晚清政府，中国领导人是李鸿章！"

    1982 年 12 月，第五届全国人大五次会议通过《中华人民共和国宪法》，其中第三十一条规定："国家在必要时得设立特别行政区。在特别行政区内实行的制度按照具体情况由全国人民代表大会以法律规定。"这一条所载明的

---

① 石希：《香港回归祖国，"一国两制"率先垂范》，中国共产党新闻网，http://cpc.people.com.cn/。

"设立特别行政区"，指的就是在港、澳、台地区实行"一国两制"。从此，"一国两制"载入了中国的根本大法，实行"一国两制"有了宪法的保证。

为了使香港在回归后继续保持繁荣稳定，经全国人大六届二次会议的批准，我国宣布在香港回归后，香港现行的社会经济制度、法律、基本生活方式不变，香港的自由港地位和国际贸易、金融中心的地位不变，香港可以继续同其他国家和地区保持和发展经济关系。

自撒切尔夫人第一次访华后，中英两国政府经过长达两年、共二十二轮的谈判，于 1984 年 12 月 19 日在北京正式签署了关于香港问题的联合声明。1985 年 5 月 27 日，中英两国政府在北京互换批准书，中英联合声明正式生效，香港进入了中国恢复行使主权的过渡期。在过渡期的前半期，中英双方基本上保持了友好合作关系，但在 1989 年春夏之交的政治风波后，英国政府错误地估计了我国形势，以为社会主义中国会随着苏联、东欧迅速崩溃，因而单方面推行了一系列不利于香港平稳过渡、保持繁荣稳定的政策与做法。

1990 年 4 月 4 日，全国人大七届三次会议通过并颁布了《中华人民共和国香港特别行政区基本法》，以国家基本法律形式，确保了在香港实施"一国两制""港人治港""高度自治"的方针。针对英国政府单方面制造的混乱，中国政府采取"以我为主，依靠港人，面向港人"的方针，另起炉灶，以确保香港平稳过渡，顺利交接，因而先后聘请了港事顾问，成立了预委会、筹委会、推委会，组成了香港特别行政区政府，董建华成为中华人民共和国香港特别行政区第一任行政长官。

1997 年 7 月 1 日零点，中华人民共和国国旗和香港特别行政区区旗在香港会议展览中心中英两国政府香港政权交接仪式上冉冉升起，中国政府开始对香港恢复行使主权。江泽民主席庄严宣告："中华人民共和国香港特别行政区正式成立。这是中华民族的盛事，也是世界和平与正义事业的胜利。1997 年 7 月 1 日这一天，将作为值得人们永远纪念的日子载入史册。经历了百年沧桑的香港回归祖国，标志着香港同胞从此成为祖国这块土地上的真正主人，香港的发展从此进入一个崭新的时代。""历史将会记住提出'一国两制'创造性构想的邓小平先生。我们正是按照'一国两制'伟大构想指明的方向，通过外交谈判成功地解决了香港问题，终于实现了香港回归祖国。""我相信有全国人民作坚强后盾，香港特别行政区政府和香港同胞一定能够管理和建设好香港，保持香港长期繁荣稳定，创造香港更加美好的未来。"

1998 年 7 月 1 日，香港特别行政区政府举行大会，热烈庆祝香港回归祖国一周年，江泽民到会发表了热情洋溢的讲话。香港特区首任行政长官董建华在致辞时说："我们以无比兴奋和喜悦的心情，庆祝'一国两制'在过去一年实践得非常成功，香港市民正在真正地当家做主人。""香港的前途和国家的前途紧密联系在一起。香港不仅会从国家的快速发展和繁荣富强中获得莫大利益，还会从国家生气勃勃的进取精神当中，获取自强不息的发奋思路。"

回看香港，《基本法》所规定的香港的制度、港人权利都不折不扣地得到了落实，香港依然是一个保持高度自治、高度开放、高度国际化的自由资本主义经济体系；香港继续沿用原有的法律体系，拥有独立的立法权、司法权和终审权；香港市民继续原有的生活方式，言论自由、出入境自由、示威游行自由，"马照跑、舞照跳、股照炒"。香港各界人士面对这一切，由衷地感叹："一国两制"不仅说到，而且实实在在地做到了。

"一国两制"方针在香港问题的成功实践，不仅洗刷了中华民族历史上的耻辱，而且对完成祖国统一大业关系重大、影响深远，具有世界性的意义。它是中国共产党在统一战线史上，精彩绝伦的浓墨重彩。

# 合作共赢——共生之智

**引言** 主题与经典

　　"夫大人者，与天地合其德，与日月合其明，与四时合其序……"

　　　　　　　　　　　　　　——《周易·乾卦·文言》

全球化、信息化给不同国家、不同民族文化之间提供了对话交流和实现人文资源价值共享的便利，同时也强化了民族文化身份认同的意识。因为只有本民族文化的特性、特征得到他民族的认可和支持，本民族文化才能真正实现自我同一。各文明之间没有高低优劣之分，每种文明都有自己存在的价值和生命力，只有互相吸取精华，相互和解包容，人类文化才能呈现出丰富多样的共生图景。

# 第一节　和合共生

众所周知，中国的传统文化历来讲究"和谐、和睦"，是"以和为贵"的文化。我们注重亲情，认为家和万事兴；我们尊老爱幼，不提倡下犯上；我们与人为善，推崇搞好人际关系。随着现代社会分工的细化，学会合作越来越成为一项必备的技能。而在学会合作的过程中，传统"以和为贵"的文化内涵得到了延伸，二者相辅相成，相得益彰。

对现阶段的中学生来说，最重要的还是要学会与人合作。但是，不少家长怕孩子在学校里或社会上吃亏，不断地向孩子灌输"不能输"的竞争心态，却忘了告诉孩子，学会与他人协作也是极为重要的社会生存法则之一。

英国王立学术院生物学会报（*Proceedings of the Royal Society B*）2012 年发表了一份关于团队合作的有趣研究。该研究表明，人脑在学习如何进行团队合作的过程中得到大幅度的进化。科学家们通过电脑模拟实验分析出，由于跟他人合作会提高生存的可能性，所以为了应对复杂的社会状况，人类大脑得到快速发展，"在由毫无关系的个人组成的大群体里，相互合作的情况很频繁，为此，必须要全面了解其他人如何对待自己才可以作出灵活的反应"。这说明了人们是可以达到共赢的，帮助他人成功，将使你自己更加成功。

我们应学会结交朋友而不是制造敌人，在学会竞争之前先学会团队合作。

## 一、艺术足球

当我们谈论起足球时，不免感叹这项集体运动所带来的震撼。如果要问，世界上哪一支球队完美诠释了足球与艺术相结合的至高境界，人们一定会异口同声地回答：巴萨！

作为世界上历史最悠久的足球俱乐部，巴塞罗那足球俱乐部（简称"巴萨"）赢得过无数的荣誉。耀眼的光环为它带来了无数球迷，其中最为人所津津乐道的，是它独特的艺术气质。

巴萨历来不缺大牌球星，然而他们并没有在比赛中为了出名而争着出风头，而是互相配合，取长补短，用多次精准的传球完成一次完美的射门。当然，足球比赛中少不了传球，但巴萨是世界上唯一一支能将传球演绎得淋漓尽致的球队。它可以用永不停歇的传球将速度更快、体格更强的对手玩弄于股掌之间，充满艺术感的控球让它从一般强队中脱颖而出。

就这样，凭借全欧洲最均衡的进攻和防守，2015 年巴萨史上第四次夺得欧洲冠军联赛奖杯。集体的氛围，让 MSN（三大主力的英文名首字母缩写）能够成型，让头号主力梅西不管是在右路还是中路，都能充分施展自己的才华；同时让他可以调整饮食和作息时间，恢复巅峰状态。就像 2015 年欧冠决赛的首个进球，全队完成了 16 脚传递，门将之外的所有球员都参与其中，每一颗明星都在闪耀，而所有闪耀的明星，汇聚成了一道无比亮丽的彩虹。

2006—2015 年这十年，巴萨四进欧冠决赛，四次夺冠，堪称全欧洲欧战成绩最出色的球队。这十年的巴萨，讲述的其实都是同一个故事——集体至上的团队足球故事，哪怕每次故事因球星不同而呈现的形式不同。

## 二、拒绝下跪的英国使者

中原，本意为"天下至中的原野"，是中华文化的发祥地。这个概念源自古人贫乏的地理知识，那时人们误以为自己处在世界的中心位置，于是把自己所在的地区看作是中央帝国（后演变为"中国"），其他国家都视为周边国家，有一种以自我为中心的优越感。

这种优越感一直持续到 18 世纪末。1792 年，英国人看中中国的茶叶、香料和丝绸，想和中国做生意，进行贸易往来。于是派了马戛尔尼使节来中国。见到清朝皇帝时，他拒绝下跪，皇帝觉得不可思议：这英吉利的"海夷"（海上来的野蛮人）不是来朝贡的吗，见了我居然不跪？马戛尔尼反驳说："陛下，我是来做生意的，我们的地位平等，应该互相尊重。"当然，以和为贵，皇帝没有大发雷霆，不过，两国人士就使节应如何下跪讨论了好长时间。

皇帝不知道的是，这时的西方在哥伦布发现新大陆之后，已经逐渐建立

起一套平等合作的现代贸易制度，比如说尊重契约精神，严格按合约办事，假如合约规定运载 100 吨香料，那么少一斤都不行，做生意绝不能为了和气"差不多就好"。因此，从英国开始，清朝和其他国家在政治、贸易、外交等方面产生了越来越多的分歧。鸦片战争后，中国人被迫进入了不曾了解和不太习惯的国际环境。

直到今天，在国际局势复杂深刻变化的当前，我们仍在寻找和建立一种和平、发展、合作、共赢的国际关系。习近平主席执政以来，在追求共建持久和平的基础上，提出了一系列"和合"的外交思想，包括和平发展、合作安全、和而不同、以和为贵、和谐共生以及协和万邦等。

**启示** 感悟与讨论

1. 说说你与他人合作过的一件事。

2. 你有喜欢的球队吗？谈谈巴萨足球队对你的启发。

3. 假如马戛尔尼和清政府签订了第一次茶叶的贸易合同，之后可能会发生什么情况？

4. "和合共生"的"和"和"合"分别有什么含义？

## 第二节　和而不同

世界上没有两片完全相同的树叶。无论是自然界还是人类社会，"不同"是绝对的存在。只有承认"不同"，尊重"不同"，才可以追求"和谐"。

和而不同，出自《论语·子路》："君子和而不同，小人同而不和。"就是说，君子内心所见略同，但其外在表现未必都一样，比如在古代，同样为天下谋利，有人选择做官，有人选择教书，最终却殊途同归。而小人虽然嗜好相同，却因为各争私利，必然互起冲突，最终反而导致不和。

如今，"和而不同"被赋予了更广泛的含义。它指的是，只有在大目标不冲突的前提下，承认差异，包容差异，尊重差异，才能化解矛盾，共存共荣。而这个过程必然要磨合，磨合就是通过接触、交流、对话来建立共识，以达到"和"的目的。

我国著名社会学家费孝通老先生曾经意味深长地讲过一句 16 字箴言：各

美其美，美人之美，美美与共，天下大同。这是对"君子和而不同"极好的阐释。

## 一、在团队中张扬个性

近几年，被称为华语乐坛"史上学历最高乐团"的苏打绿掀起一股席卷了全国的浪潮，这是一个由台湾六位性格鲜明的年轻人所组成的团体。所有发表歌曲皆由团员创作，词曲时而魔幻，时而写实，曲风可清新如民谣，也可狂烈如摇滚。歌曲有令人惊艳的旋律性，加上编曲的细腻巧思，神来之笔随处可见。主唱青峰的歌声别致高亢，收放自如，有着魅惑听觉的神奇美感。

最奇妙的是，苏打绿既是知名学术大学毕业的 80 后（主唱青峰、贝斯手馨仪、鼓手小威、电吉他手家凯、木吉他手阿福，以及键盘与中提琴手阿龚），其中 4 位还有研究生学历，同时也是疯狂的音乐爱好者，每个人的个性都完全不同，却组成一个风格一致的乐团。

苏打绿最厉害的，还在于它的编曲。仅就乐器来说，除了六位团员各自拿手的乐器之外，还加入了多种涵盖管弦乐甚至交响乐的乐器。团员们大多精通不止一种乐器，当然，每个人擅长的领域不同。中文系毕业的主唱青峰，才华横溢，几乎包办了苏打绿所有的词曲创作，然而由于性格原因，他并不擅长与陌生人打交道。而性格直爽、广交朋友的贝斯手馨仪则自愿承担起了对外的沟通工作，特别在接洽演出时，她流利的英语口语能让苏打绿在走向国际舞台时少了许多阻碍。同时她能唱能写，还精通吉他和钢琴。键盘与中提琴手阿龚则是团队的编曲总监，古典音乐出身的他对音乐有着严苛的要求。每当团员们在编曲细节上争执不下时，他都是团员们最信任的老师……

苏打绿的 6 位团员，既坚持自我，努力发挥自己的长处；又尊重彼此，相互包容，做到团队合作所需的妥协。一个乐队，想要演奏出和谐美妙的音乐，需要使用几种甚至几十种不同的乐器，各奏其乐，各发其声，才能汇成宏大动听的交响乐。

## 二、禁酒的迪士尼乐园

1992 年，迪士尼公司照搬"原汁原味"的美国迪士尼乐园模式，在法国巴黎建造了一座海外乐园——"欧洲版"迪士尼乐园。然而这项投资并没有取得预期的成功。从开业起一直惨淡经营，至 1994 年底，巴黎迪士尼共亏损

20 亿美元，一度面临破产的危机。

有人说，这或许是禁酒惹的祸。的确，这项规定对作为世界最大葡萄酒生产国的法国来说，会让法国人心生厌恶。但是根本原因还在于文化认同，美国人觉得不可以在公共场所喝酒，可是法国人不这么认为，既然来迪士尼是为了得到快乐，那么为什么不可以喝酒？

进一步来说，美国是个年轻的国家，仅有 200 多年的历史。美国文化是个大熔炉，存在着年轻、活力、实用主义、商业化、多民族化等特色，迪士尼乐园就体现着非常鲜明的美国文化。但法国人一直对自己的文化感到非常自豪，在他们眼里，美国人就像"暴发户"：年轻（建国时间短）、有钱，但没有文化。巴黎迪士尼里面那些美国文化（米老鼠、唐老鸭、白雪公主等卡通形象）不过是简单抄袭欧洲文化的结果，浅薄而粗俗。

此外，"二战"后美国是资本主义世界的霸主，美国文化作为强势文化入侵西欧，引起了各国的强烈抵触。珍视自己文化的法国人一直对这样的美国文化感到震惊、恼火和愤怒，因此完全美国特色的迪士尼只能让法国人反感。

迪士尼总部一开始没有意识到文化差异的重要性，在巴黎迪士尼建造初期，没有试图从法国人的角度去建造一个法国人会乐意接受的迪士尼乐园，因此经营失败了。后来，从 1999 年开始，巴黎迪士尼开始了一系列本土化举措，终于得到越来越多法国人的认可。

因此，像迪士尼这样的跨国公司，必须尊重两国的文化差异，才能避免冲突，达到和谐的目的。

**启示** 感悟与讨论

1. 请用白话文翻译费孝通老先生的十六字箴言。
2. 从苏打绿的故事中，你想到了什么？
3. 如果你是巴黎迪士尼的总经理，你会怎么改善乐园？
4. 说说你对"君子和而不同"的看法。

## 第三节　和以生智

小时候，大家都听过猴子捞月亮的故事。一群猴子看到井中的月亮，一呼百应，上挂下连，想把那个月亮打捞上来。可是当小猴子将手伸到井水中，对着明晃晃的月亮一把抓起时，除了抓住几滴水珠外，怎么也抓不到月亮。这个故事之所以流传久远，不是因为猴子的可爱，而是因为猴子的愚蠢。在我们眼里，"井中捞月"是非分之想的代名词。

不过，这个故事在外国朋友的心目中，又是什么样的感觉呢？

有人跟他的外国朋友说起这个故事，外国朋友瞪着一双敬佩的蓝眼睛连声说："猴子多有智慧，这个故事真是太美了！"为了捞到水中月，猴子们在没有任何工具的情况下，利用自身的优势，搭建了一个足够长的水下梯子。这难道不是群体智慧的体现吗？接着，他讲了一个在他们国家家喻户晓的故事。

有一年，一群大象要通过一个酷旱的地区，走着走着，一头小象忽然走不动了，象群竟然集体停下来，直到那头小象又能走了，象群才继续向前。外国朋友说，在动物王国里，有的动物能仅靠单打独斗辉煌一时，但后来灭绝了。而大象之所以能有今天的繁衍，其团结智慧正是它们赖以生存的支柱。

人们常说，团结就是力量。在一个和谐的团队里，正是个体智慧和个体力量的叠加，才让团队变得更有智慧和力量。永远不要小看个体在团队中的作用，正如我们不要小瞧自己在学习小组的作用一样——每个人都在发着光。请看以下两个故事。

### 一、蚂蚁的智慧

人们常常用蚂蚁搬"巨大"食物回家作为"团结就是力量"的例子，但很少有人知道蚂蚁是如何通过协作来发挥团队力量的。以色列研究人员发现，蚂蚁在个体带头和团队协调中能保持很好的平衡，最终把比自己身体大很多倍的食物搬回家。

以色列魏茨曼科学研究所研究人员在《自然·通讯》杂志上报告说，一群蚂蚁围着一块相对它们是"巨型"的食物，朝着家的方向，后方的蚂蚁向上"抬"，前方的蚂蚁则是向前"拉"。然而，尽管蚂蚁大体上在朝着家的方

第五课　合作共赢——共生之智

131

向进发，但其实过程中经常会走错路并调整方向。那么哪只蚂蚁负责指挥大家，"校准"路线呢？

研究人员经过录像分析发现，搬食物的蚂蚁越多，回家的速度也就越快，负责"校准"方向的竟是中途不时加入团队的"新队员"。录像显示，每次有新蚂蚁加入搬运团队，它们的行进路线就会有所调整，且"老队员"都会按照"新队员"行进的方向前进。每个"新队员"负责的时间平均在 10 秒到 20 秒，在那之后，通常会有新的蚂蚁再次加入，"老领导"会马上"退居二线"，无异议服从新蚂蚁带路的方向。整个蚂蚁团队就是在这样不断的校准前进中，将食物搬回家。

研究人员表示，蚂蚁在从众和保持个性间维持着很好的平衡。在蚂蚁这种具有社会性的动物中，智慧其实并不来自集体，个体提供"好点子"，而集体则通过协作放大"好点子"的力量。

## 二、荒岛求生

1914 年，英国著名南极探险家欧尼斯特·沙克尔顿（Ernest Shackleton）开始了横跨南极洲的探险活动。"持久号"于 1914 年 8 月 1 日从伦敦出发，全体船员一共 28 人。这次探险的目标是徒步横穿南极大陆。

在长途跋涉的过程中，浮冰将"持久号"团团围住，使它寸步难行。沙克尔顿和船员们不得不放弃了船，背着救生艇，爬上了一块巨大的浮冰，在随后的 5 个月里，这块浮冰随着时间的推移不断碎裂，慢慢地变小了。最终浮冰彻底碎裂，沙克尔顿只好带领船员，乘坐 3 艘来自"持久号"的救生小船开始逃生。他们经受了海上风暴、狂涛巨浪、零下几十摄氏度低温的折磨，面临着饥寒交迫、冻伤断趾、随时迷路的危险，凭着顽强的毅力，在冰水中航行了好久，终于到达了荒无人烟的象岛。

象岛并不适合人居住，守在这里将彻底丧失获救的希望。此时，沙克尔顿只有一个愿望：那就是一定要把全体船员一个不少地活着带回去。

沙克尔顿没有坐以待毙，他和另外五人行动起来，决心将命运掌握在他们自己手中。他们坐上一艘 22 英尺长的救生艇，横渡大约 800 英里，来到了南乔治亚岛，这一史诗般的航行在气候极端恶劣的海上持续了 17 天。

南乔治亚岛有一个捕鲸站，在登上这个小岛后，他们的最后希望就是穿过长达 26 英里的冰川和雪山，到达另一面的捕鲸站。沙克尔顿和另外两人开始了这次艰苦的长途跋涉，并于 1916 年 8 月安全到达，此时距离他们最初离开"持久号"已过去了21个月。在智利政府和海军的帮助下，沙克尔顿返回象岛营救22个同伴，幸运的是，他们都安然无恙地留在了岛上。"持久号"的28个人最终都从南极获救了。他们在历经500多天的惊险后，奇迹般地生还。

**启示 感悟与讨论**

1. 请你分享一个自然界的群体智慧的故事。
2. 回想一下，你曾为学习小组贡献过什么点子吗？
3. 关于蚂蚁的智慧，你还了解多少？
4. 你看过哪些荒岛求生的故事？请讲一讲。

**群文 文献与博览**

阅读本章后，请你找相关文献，博览群文，寻找相同主题和内容的文章或资料，以拓展你的知识和开阔你的视野。

**创感 联想与创作**

读完本章你有何联想和创感？有没有创作的冲动？如果有，请你做一名创客，用你喜欢的作品形式，展示你的创感和创意。

# 君子和而不同①

## 一

北宋仁宗皇帝曾经有两个宰相，一个叫司马光，一个叫王安石。一个是保守派，一个是改革派。司马光从小就很聪明。幼年时，有一次司马光的同伴不慎掉进水缸，眼看就要淹死，司马光人小体弱，无力把他救出来。情急之下，他用石头将缸砸破，水流了出来，同伴于是得救。"司马光砸缸"成了流传千古的美谈。

司马光性情温和，待人宽厚，后来做了宰相，也理循旧法，秉承祖制，主张"无为而治"，言辞有度，服饰得体，乃谦谦君子。

而王安石从小书读得很好，"名传里巷"，他老成持重，年纪轻轻就不苟言笑。少年得志，官运亨通。执掌朝廷大权，"严己律属"。除了不爱洗澡，他穿衣服也相当不讲究，经常头发蓬乱就上朝觐见天子，号令文武。按当时的标准，他基本上算是"神经病"。然而皇帝很欣赏他，尽管王安石是典型的"脏乱差"，依然"皇恩殊厚"，成为当朝宰相，锐意改革，推行"一条鞭"法，想方设法为大宋收税，充盈国库。

司马光和王安石，性格迥异，又是政敌，两个人你方唱罢我登场，轮流做宰相。他们两人的政治主张，相差十万八千里。在庙堂之上，司马光和王安石是死对头，彼此都认为对方的执政方针荒谬至极。彼此都觉得自己比对方高明，比对方正确，比对方更了解国情。所以在争夺权力的过程中，两人丝毫都不客气，用各种手段，向对方痛下杀手。斗争的结果是王安石获胜，司马光从宰相宝座上被赶了下来。

王安石大权在握，皇帝询问他对司马光的看法时，王安石却大加赞赏，

---

① 同修：微信公众号"全球通史"，2015 年 3 月 31 日。

称司马光为"国之栋梁",对他的人品、能力、文学造诣都给了很高的评价。

正因为如此,虽然司马光失去了皇帝的信任,但是并没有因为大权旁落而陷入悲惨的境地,得以从容地"退江湖之远",吟诗作赋,锦衣玉食。

正所谓三十年河东,三十年河西。愤世嫉俗的王安石强力推行改革,不仅触动了皇亲贵胄的利益,也招致地方官的强烈不满,朝野一片骂声,逢朝必有弹劾。"曾参岂是杀人者,一日三报慈母惊。"皇帝本来十分信任王安石,怎奈三人成虎,天天听到有人说王安石的不是,终于失去了耐心,将他就地免职,重新任命司马光为宰相。

墙倒众人推,破鼓万人捶。王安石既然已经被罢官,很多言官就跳将出来,向皇帝告他的黑状。一时间诉状如雪,充盈丹楹。皇帝听信谗言,要治王安石的罪,征求司马光的意见。

很多人都以为,王安石害司马光丢了官,现在皇帝要治他的罪,正是落井下石的好时机。然而司马光并不打算做压死骆驼的最后一根稻草。他恳切地告诉皇帝,王安石疾恶如仇、胸怀坦荡、忠心耿耿,有古君子之风。陛下万万不可听信谗言。

皇帝听完司马光对王安石的评价,说了一句话:卿等皆君子也!

二

君子和而不同。我和你的关系很好,很敬重你的人品,但是,这不代表我就一定要同意你的政治主张。我反对你执政的理念、方法和手段,并不意味着对你个人道德品质的否定。待人做事有原则、有分寸、有底线,这才是君子。

丘吉尔年轻时,有很长一段时间在英国下议院做议员,他有一位叫玛格丽特的长相几乎可以称得上丑陋的女同事,两人的政治主张大相径庭。丘吉尔同意的事,玛格丽特常常反对,同样,玛格丽特提出来的主张,丘吉尔一般都投反对票。两个人动不动就在议院吵得面红耳赤,彼此指责谩骂,到最后不欢而散。

有一天,丘吉尔午餐时喝多了酒,醉醺醺地打着饱嗝,摇摇晃晃来到下议院开会,正巧在走廊里碰见玛格丽特。玛格丽特怒气冲冲地对着他吼叫:"温斯顿,你又喝醉了!你的样子真让人恶心!"

丘吉尔很刻薄地反击道:"是的,你说的没错。我喝醉了确实很恶心。明天我酒醒了就不恶心了。可是你呢,玛格丽特,你天生很丑,昨天很丑,今天很丑，明天同样还会很丑！"

这简直太过分了。玛格丽特没料到丘吉尔居然如此恶毒，当场气得痛哭失声。

平心而论，丘吉尔的做法非常不绅士，估计是因为酒喝太多的缘故。这件令人不愉快的事在下议院广为流传，大家都认为，玛格丽特对丘吉尔一定恨之入骨。

1939 年，纳粹德国入侵波兰，当时的英国首相张伯伦因为一味对希特勒实行绥靖政策，遭到国民强烈反对，被迫辞去首相职务。国王乔治提名丘吉尔接替张伯伦出任首相一职，但必须获得议会 2/3 以上议员赞同才合法。有人反对丘吉尔任首相，联络一些议员打算投反对票。他们去找玛格丽特，希望她加入反对丘吉尔任首相的阵营。然而玛格丽特直截了当地拒绝了。她说："我全力支持丘吉尔，在这个危急的时刻，我想不出还有谁比他更适合领导英国，在我见过的人当中，他的勇气、智慧以及他的爱国心，无人能出其右。"

这又是另一种形式的和而不同。玛格丽特不赞成丘吉尔的政治主张，甚至不认可他的生活方式，然而，她内心深处，敬重丘吉尔的才华和爱国情怀。因此，作为政治对手，当打击政敌的机会来临时，她选择了放弃。

从这个意义上说，玛格丽特是真正的君子。

三

乔治·华盛顿是美国独立战争时期的英雄，也是开国元勋，被称为"美利坚之父"。在他率领北美殖民地的民兵打败了英国军队，使美国赢得独立之后，他的个人威望达到了顶峰。很多部下都拥戴他，希望他做国王。面对王冠的诱惑，华盛顿没有丝毫的犹豫就拒绝了。他说："如果我答应你们的请求成为国王，那么，十三州人民为自由而战所流的血就完全没有价值了。"

部下被他的高尚人格所感动，一致推举他担任美利坚合众国总统。

华盛顿的好朋友、大陆宣言起草者之一的托马斯·杰斐逊同意华盛顿担任总统，但是他坚持总统必须有任期，不能无限制、没有期限地掌握国家最高权力。他同时极力鼓吹设立参众两院，强烈建议三权鼎立，以国会和参众两院来限制总统的权力，约束总统的行为。

杰斐逊说：我们都知道，华盛顿先生是个品德高尚的人。但是我们并不知道担任总统若干年后，他会变成什么样的人——因为人性有弱点，而且人是会变的。我们更无法知道，一百年后的美国人民，选出的总统会是什么家

共生哲学读本
GONGSHENG ZHEXUE DUBEN

伙？所以我们今天要立法，限制总统的权力，保障美国人民的基本权利在任何时候都不被侵犯。

杰斐逊是华盛顿的亲密战友，在十三州人民反抗英国统治的斗争中，他和华盛顿并肩作战，毫无保留地支持他，他们彼此欣赏并相互尊重。然而杰斐逊并不因为这种亲密关系而改变自己的政治立场，并不因为华盛顿立下了丰功伟绩而对他顶礼膜拜，并不因为朋友之间的深厚情意而放弃原则。君子和而不同，和是因为认同人品，不同是为了坚持正义。

华盛顿担任美利坚合众国总统期间，作为国会领袖的杰斐逊经常反对总统的施政方针，很多时候，他们会为对方的行为和言论感到愤怒，吵得不欢而散。然而平静之后，彼此又会以信件向对方解释、道歉并再次重申自己的政治立场。在领导国家前进的道路上，他们并不能称得上是团结，在某种意义上说，他们算是敌人。

四年后，华盛顿回到家乡芒特佛农种植园，以一个农场主的身份安度晚年。卸任前，他提名杰斐逊为总统候选人，热情洋溢地称赞杰斐逊的人品和才能，称杰斐逊先生是一个"可以信赖的君子"。

华盛顿先生同样是令人尊敬的君子。

美国人民非常的幸运，因为在开国之初，有华盛顿和杰斐逊这样的君子，才造就了今天的繁荣昌盛，可谓万世基业。

先哲伏尔泰曾经说过一句话："我完全不同意你的观点，但是我愿意用生命来捍卫你说话的权利。"

这是君子的做人原则。我不同意你的看法，不代表我不尊重你的人品，更不意味着我可以剥夺你的权利。彼此尊重不仅仅体现在相互之间关系密切，更重要的是尊重并允许对方发出不同的声音。唯其如此，思想才会自由，社会才能进步。

# "老外"眼中的中国留学生①

　　我在美国很有幸认识了很多美国教授，随着交往的深入，大家聊的话题和内容也越来越广泛，特别是关于中国大陆来的留学生的问题。一开始他们总是对我说些客套话，我还感觉挺舒服，后来就不是这样了，他们告诉我其实他们很不愿意招中国大陆的学生。

　　我愕然！为什么？我们这么聪明、这么能干、这么踏实能吃苦，为什么不招？

　　他说："实际上完全不是这样的，中国大陆来的学生，聪明确实很聪明，可是踏实能干就另当别论了，合作精神更差（越来自名校越差），而且喜欢跳槽，总是不停地换地方，没有公德意识，来了一个这样的就够了，下次谁还敢再要呀？更何况教授之间也交流，如果有几个人的团队里都出现了这样的中国大陆学生，后果就可想而知了！"

　　这怎么可能？谦虚谨慎、踏实诚信、吃苦耐劳、尊老爱幼是我们中华民族几千年的美德，怎么在外国的中国留学生全变了？诧异归诧异，仔细看看想想，我们中的很多人现在确实是这样了！我们自己周围的学生不也有很多这样的例子吗？高傲自大，目中无人，什么都不能干，还一直在抱怨的人不是很多吗？只不过我们一直把学生当成自己的孩子娇惯，早已习惯了而已！还总检讨自己给孩子创造的环境不够好，把孩子耽误了，但回头想想，是这样吗？

　　你们不收拾办公室、不注意环境卫生，还给自己找借口：都是小孩子嘛，在家里都是父母干！其实，你们都20多岁了，早该什么都自己干了！

　　很多人科研工作不做，只关心考试，到最后要毕业，要推荐信，哪个老师好意思拒绝、敢说真话？所以很多推荐信都是一样的，其实真是把你们惯坏了！

　　以前是大家都太谦虚了，只会干活不会表现，老师不停地鼓励大家去表现自己，现在的问题是年青一代都很善于表现自己，也很自信，却忘了踏踏实实地干活，什么时候都是"行胜于言"，你能干是要证明给别人看的，自己说一千遍"我是天才"都没有用，只有做出了实际贡献才会得到大家的认可。

---

　　① 张海霞：《为什么美国教授不愿意招收中国学生》，新浪网，http：//www.sina.com。

自信固然好，可是自信的同时要知道尊重别人，向别人学习，与别人合作。现在的科学研究都是需要协作的，一个人是不可能做成大事的，在美国尤其明显。大学教授之间的合作和协作非常多，一个大的项目经常是跨学校和跨国界的合作，所以团队合作能力是一个科研人才的基本素质。可是有些自命不凡的年轻人，经常不把别人放在眼里，根本不知道怎么与人合作，越是名校出身越是差劲！因为在我们的应试教育中，他们得到的表扬和赞美太多了，根本不知道这个世界是一个相互协作、相互依存的和谐社会！

　　亲爱的同学们，我知道你们个个都很优秀，都很出色，而且对自己都很有要求，期望成为一个成功的人、一个不平凡的人，那么我们看看那些成功的人士必须具备的几个标准条件：

　　诚信：一个成功的人，他一定是一个被社会信任的人。

　　踏实：没有一个人的成果不是辛辛苦苦研究得到的，除非剽窃。

　　协作：以为自己是天下的人，他绝对没有可能成为一个成功的人。

　　公德：一屋不扫，何以扫天下？爱护环境、尊老爱幼，是一个正常人的起码品德。

　　同学们，胸怀大志，就要对自己有更高的要求，在国家日益强盛的今天，Never lose faith，we're really proud of our Chinese！

**延伸阅读：**

《花两周就申请到麻省理工大学的 17 岁女孩》，微信公众号"少年商学院"，2016 年 3 月 4 日。

# 周恩来如何与阎锡山谈判①

抗战开始时，山西军阀阎锡山（28 岁开始任督军）把持山西军政大权已有 20 余年。

为了保住他经营多年的独立王国，原本是反共老手的他煞费苦心，不时变换策略。当红军东征时，蒋介石乘机派兵开进山西，赖着不走。为了自保，他逐步改变了对共产党和红军的态度。抗日战争中，他曾自嘲说："我是在三个鸡蛋上跳舞，哪一个也不能踩破。"

1937 年 9 月 3 日，周恩来以中共中央谈判代表的身份和彭德怀等人进入山西。

一个是共产党领袖，一个是地方军阀，泾渭有别，难得一聚。但是 9 月 7 日，这两人却坐在一起商谈，亲手拉开山西抗战的帷幕。

寒暄之后，周恩来便坦诚地说："八路军属于第二战区战斗序列，我们全军愿意受司令长官节制，以后还要请阎先生多多指教。"

周恩来的谦逊拉近了彼此的距离，但周恩来话锋一转："不过，阎先生，八路军基本的作战原则是独立自主的游击战……"他特意加重了"独立自主"几个字的语气。

阎锡山半张着嘴，看看周恩来，不置可否地"哦"了一声。

"周先生对目前的抗战形势怎么看？"阎锡山试探地问。

周恩来此次来太原的主要任务就是：通过谈判，与阎锡山建立抗日民族统一战线，说服他接受我党全面抗战的主张，为八路军东进提供方便，并确定八路军各师东进的路线。

所以，听到阎锡山这样问，周恩来便马上说："现在，中国共产党、阎先生和全国人民一样，所面临的共同敌人就是日本侵略者。我们很欣赏阎先生的抗日态度和决心，相信全国人民都会支持和赞成你的抗日行动的！"

听周恩来这么一说，阎锡山很是受用："应该的，我也是中国人！国家有难，匹夫有责嘛！但是，小日本很猖狂，我们要打败它还是不那么容易的！"

很明显，阎锡山有抗战的积极态度，但对目前的抗战形势不是很乐观，对抗战的前途更是心里没底。对此，周恩来给他进行了详细的分析："从战争

---

① 吴珏：《跟周恩来学沟通艺术》，北京：当代中国出版社，2013 年。

开始的这一阶段看，日本军队来势凶猛，整个形势目前是敌强我弱。但是，日本是个小国，经不起长期战争的消耗，只要我们坚持打下去，必然是敌人一天天弱下去，我们一天天强大起来。只要全国团结一心，齐心协力，尤其是像阎先生你这样的实力派坚持抗战，日本帝国主义是绝对可以打败的！"

阎锡山连连点头："周先生对抗战前途看得非常清楚。"

"争取抗战胜利的关键，是发动全面的全民族的抗战……"周恩来用了较长的时间详细分析了抗战形势，解释了中国共产党抗日民族统一战线政策。"阎先生，我们要充分利用广大群众支持抗日这个有利条件。要保卫山西，保卫华北，就必须动员广大群众，发展抗日的群众运动。"

阎锡山忙接过来说："我早就知道这是重要的工作，前年在南京开会时，我首先提出的就是武装民众 500 万，到现在尚未得到指示。在这紧急时候，我们可以在第二战区首先试行。"

周恩来说："我们赞同阎先生的意见。请问先生，战地群众的动员问题是否应该有组织地进行？"

"对，我们有了牺牲救国同盟会、总动员实施委员会，战地动员可以再成立一个组织。"

经过反复商谈，最后商定成立"第二战区民族革命战争战地总动员委员会"，由中共、牺盟会和其他群众团体共同组成，第二战区高级参谋续范亭任主任委员，并由中共主持拟出工作纲领，经阎锡山同意后实行。

周恩来又谈到了下一个问题："阎先生，关于八路军的活动地区问题，我们的设想是在灵丘一带布防，开展独立自主的山地游击战。不知阎先生意下如何？"他接着补充道，"这个地区是在太行山北端，向北可以伸入到敌人背后，配合友军作战。"

阎锡山回答："我已命令部队，要固守内长城防线，重点防守平型关、雁门关一带，希望八路军给予配合。"

彭德怀接过来说："我军可以开到五台、灵丘地区，配合友军布防，在平型关一带，侧翼待机歼敌。"

"很好，"阎锡山表示赞同，"贵军可以在太行山北端进行游击战。不过，那里是山西、河北交界地区，河北方面的事情请二位与徐永昌、刘峙商洽才好。"

周恩来点头："我们准备去河北走一趟，这里的问题与阎先生谈妥了，河北方面谅不会有什么阻碍。"

"关于我军的装备补充问题，请问阎先生有何见教？"周恩来又问。

"装备补充……这么办，先给你们30门炮、4 000发炮弹，以后还可以补充，但我对贵军也有一个要求，希望贵军在山西省内不要更换所在县的县长。"

周恩来爽快地表态："我军在活动区域只动员群众，不干涉县政。请阎先生令知各县县长对我军的抗战活动提供方便，并请将我军的活动地区与任务通知当地友军。"

阎锡山放心地答应了。

此次谈判，使共产党八路军与阎锡山方面的抗日统一战线迅速建立起来。

苏格拉底是2 000多年前古希腊的逻辑学家，以辩论见长。他非常善于共识推辩。其原则是：与人辩论时，开始不要讨论分歧的观点，而着重强调彼此共同的观点，取得完全一致后，自然地转向自己的主张。精通沟通艺术的周恩来，正是巧妙地利用中共和阎锡山都赞成抗日这一点，并以此作为根据和出发点，最终说服了阎锡山联共抗日。

# 未来商业的核心：社群经济（节选）①

当一个人干"坏事"的时候或许胆子会比较小，容易畏首畏尾，但是当一大伙人一起干"坏事"的时候莫名就会生出些胆量，容易蒙头向前闯。社群经济也是这个道理，一个人脸皮比较薄，不敢轻易占别人便宜，但是一群人聚集起来就会产生占便宜的能力，这便是社群经济的利益来源。

比如说做团购，一个人是不可能做团购的，但是如果你有 10 万人，那就可以实现，这就是一种商业模式。对于理性的消费者而言，他们或许不相信靠媒体捧出来的品牌，但是他们却对朋友的推荐毫无免疫力，而且随着各种即时通信工具的广泛使用，人与人之间交流和沟通的成本越来越低，未来朋友间的推荐和信任将会构成互联网社会的基本组织形态，也成为影响消费者购买的主要因素。

美团和大众点评玩团购，而罗振宇（著名自媒体"罗辑思维"创办者）聚集 10 万会员玩"团要"，先跟乐视要了 10 台大电视和 20 台电视盒子，后又跟黄太吉要了 10 万份煎饼果子，这些东西不需要花一分钱。对有的商家来说，送完一次还想要有第二次，因为这是一种营销，可以让商家名利双收。

以乐视为例，它为什么愿意免费送大电视和电视盒子？吃亏可一向不是商人的作风，这一免费送必定是有利可图的，当然这里的"利"并不是指物质上的，而是指名声上的。乐视跟老罗的合作可以一石四鸟。

（1）提高曝光度。罗振宇的名字可以辐射到 100 万人，也就是说乐视的名号能被 100 万老罗的粉丝所熟知，大大提高了乐视产品的曝光度。

（2）有了罗振宇的背书。能够与罗振宇合作的产品必定是得到老罗认可的产品，那些追随老罗的粉丝也就会认可这一产品，在一定程度上，老罗就变成了产品的形象代言人。

（3）慈善意义，乐视对罗辑思维的支持相当于给罗辑思维捐赠了一个知识社区。

（4）罗辑思维创造的这种抽奖活动，并不是人人都有参与的机会，没有

---

① 引自陈建英、文丹枫：《解密社群粉丝经济学》，北京：人民邮电出版社，2015 年。

抽中的人想要，只能购买。

乐视仅仅花几万块钱就可以获得上面四点好处，当然非常乐意了。一大伙人团结起来占别人便宜就是社群的逻辑。

在互联网发展的大环境下，许多大企业或组织都在考虑如何转型，转型的首个要素就是先要把自己做小，因此未来在社群经济的影响下，做自己是许多大型企业和组织的唯一选择。

# 第六课
# 尚本求真——共生之德

**引言** 主题与经典

"事有本真，陈施于意，动不克咸，本诸身。撰《修身》。"

——扬雄《〈法言〉序》

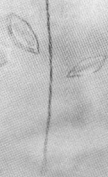

如今，"和平与发展"成为时代主题，我们在寻求人类共同体内部和平发展的同时，也要寻求与自然的和平相处，使整个世界同呼吸，共命运。万物与我共生，天地与我同在，日月与我同辉，人人与我和谐，这样的地球才是人类共同生存的美好家园。

# 第一节　崇尚自然

"共生"一词源于生物学。自然界的生物，特别是微生物，很少单独生存。它们与周围的其他生物都有一定的联系。生物学上共生的形态多种多样，不拘一格。它存在于各层次、各种类生物的互动之中。

人类属于生物物种之一，其衣食住行都离不开大自然，如果脱离了大自然的庇护，人类将不复存在。20 世纪以来，人类对自然资源的侵夺日趋加剧，生态平衡遭到破坏，全球气候变暖，沙漠化加剧，空气中的二氧化碳含量急速增加，人类自身的生存状况受到了威胁。严重的生态危机，促使人们对人与自然的关系进行审视和反思。

比如，人类属于高级的有氧动物，缺氧就意味着生命的丧失，绿色植物给人类提供了这个生存之必要条件，同时消化吸收了人类产生的二氧化碳。居室盆栽、花卉养植不光是一种装饰美，更重要的是还有一层关乎生命的互惠互利关系在内。整个生态环境空气净化举措之一"绿化环境，扩大植被"，就是对"光合作用"的有效运用。

共生是自然界的法则和规律，为了代代相传、生生不息，包括人类在内的自然界的各种生物只能服从这一规律。

## 一、楼兰古城消失之谜

在塔里木盆地的东部，罗布泊洼地的西北边缘，有一个几乎完全被沙丘所淹没的遗址，即楼兰古城遗址。楼兰文化是罗布泊地区最具特色的、独一无二的历史文化类型，是古西域历史文化典型代表之一，有着极其丰富的内涵。古代"丝绸之路"的南、北两道从楼兰分道，楼兰城依山傍水，是亚洲腹部的交通枢纽城镇。

昔日绿草遍地、人往如织的繁荣古城——楼兰，却在公元 4 世纪以后突然神秘地消失了，留下的只是"城廓巍然、人物断绝"的不毛之地和难解之谜。人们纷纷从不同角度去探究楼兰消失的原因。

说法一：楼兰消失于战争。公元 5 世纪后，楼兰王国开始衰弱，北方强国入侵，楼兰城破，后被遗弃。

说法二：楼兰衰败于干旱、缺水，生态恶化。上游河水被截断后改道，人们不得不离开楼兰。

说法三：楼兰被瘟疫疾病毁灭。一场从外地传来的瘟疫，夺去了楼兰城内大部分居民的生命，侥幸存活的人纷纷逃离楼兰，远避他乡。

说法四：楼兰被生物入侵打败。一种从两河流域传入的蝼蛄昆虫，在楼兰没有天敌，生活在土中，能以楼兰地区的白膏泥土为生，成群结队地进入居民屋中，人们无法消灭它们，只得弃城而去。

无论如何，楼兰的消亡足以说明，只有人与自然和谐相处，人类自身才能得到更好的发展。楼兰曾有挟制要道、左右东西交通的辉煌；也曾有积粟百万、威服四邻诸国的壮举，然而，自然环境的演变、水系的变化、人类活动的加剧以及战争的破坏，使原本脆弱的生态环境进一步恶化，最终导致楼兰由绿洲变成了荒漠，由盛世走向了荒芜。昔日塞外绿洲，今日黄沙乱冢，兴衰成败之间的落差给后人留下无尽的思考。


## 二、蒙古族：与天地共生

蒙古高原广阔的草原及沙漠地带，夏季酷热短暂，冬季严寒漫长，常年少雨干旱风沙大，且伴有暴风雪。这里的生态环境和植被条件十分脆弱，大部分地区宜猎牧而不宜农耕，同时猎牧生产对自然条件的依赖性要比农耕生产大得多，所有这一切使得北方民族很早就懂得了人在自己的生产生活过程中必须尊重自然、爱护自然。

从汗王贵族到百姓平民，都把苍天绿地当作生身父母，把日月星辰、山川湖河、水火草木看作具有灵性的生命。牧民们常年与牲畜打交道，驯化、役使、饲养，有时不免动怒，偶尔也会受到牲畜的伤害。但他们不会因此去虐待、惩罚牲畜。如鄂伦春人对驯鹿、蒙古人对马一般不用鞭子抽打，而只是通过命令式的语句达到役使和沟通的目的。

蒙古族人们的生活，深刻体现了他们尊重自然，与大自然和谐共生的愿景。

比如，乳肉饮食以原汁原味为上乘，制作上也讲究自然天成；美酒佳肴首先要敬奉苍天大地，以示感激大自然的恩泽；蒙古包的形制不但与古老的天圆地方观念有着深刻联系，而且是世界上最环保、最融入自然的建筑；草原民族的交通工具马、骆驼、勒勒车等均为直接来自于自然或自然有限人化的产物，环保性能特别强；草原牧民喜欢用日月星辰、江河湖海、动植物以及无机物等自然物和四季名称来给自己的孩子取名；牧人一生与大自然和谐相处，死去时依然不愿给大地留下创痛，不论火葬、风葬抑或是土葬，定要还大自然一个清净无痕……

启示 感悟与讨论

1. 严重的生态危机对我们的日常生活还有哪些影响？请举例。
2. 环保无小事。说说你参加过的环保活动。
3. 请具体分析楼兰古城消失的原因。
4. 什么细节体现了蒙古族崇尚自然的理念？

# 第二节　敬重生命

人人都拥有生命，但不是每个人都能珍惜生命，懂得欣赏生命的多姿多彩，发现生命的意义和价值，享受生命的快乐和幸福。

翻开报纸，打开电视，点开网络，我们几乎每天都可以看到生命逝去的报道，他们或死于自然灾害，或死于人为的事故，或死于自杀和他杀——生命之花来不及绽放就黯然凋零，生命乐章来不及奏响就戛然而止，让人痛心疾首，扼腕叹息。

这些都是我们能耳闻目睹的生命受到极端损害的人间悲剧。其实，更多的悲剧是我们觉察不到的，更多的生命损害是在不经意间悄然发生的。比如人们为了不当的追求而浪费时间、损害健康、牺牲当下的生活和自由的心灵等，这样的事情随处可见，我们的周围有很多生活没乐趣、生命没活力的大人和小孩。

## 一、我很重要①

当我说出"我很重要"这句话的时候，颈项后面掠过一阵战栗。我知道这是把自己的额头裸露在弓箭之下了，心灵极容易被别人的批判洞伤。

许多年来，没有人敢在光天化日下表示自己"很重要"。我们从小受到的教育都是——"我不重要"。

作为一名普通士兵，与辉煌的胜利相比，我不重要。

作为一个单薄的个体，与浑厚的集体相比，我不重要。

作为一位奉献型的女性，与整个家庭相比，我不重要。

作为随处可见的人的一分子，与宝贵的物质相比，我们不重要。

我们……简明扼要地说，就是每一个单独的"我"……到底重要还是不重要？

我是由无数星辰日月草木山川的精华汇聚而成的。只要计算一下我们一生吃进去多少谷物，饮下了多少清水，才凝聚成这具美好的躯体，我们一定会为那数字的庞大而惊讶。平日里，我们尚要珍惜一粒米、一叶菜，难道可以对亿万粒菽粟亿万滴甘露濡养的万物之灵，掉以丝毫的轻心吗？

当我在博物馆里看到北京猿人窄小的额和前凸的吻时，我为人类原始时期的粗糙而黯然。他们精心打制出的石器，用今天的目光看来不过是极简单的玩具。如今很幼小的孩童，就能熟练地操纵语言，我们才意识到人类已经在进化之路上前进了多远。我们的头颅就是一部历史，无数祖先进步的痕迹储存于脑海深处。我们是一株亿万年苍老树干上最新萌发的绿叶，不单属于自身，更属于土地。人类的精神之火，是连绵不断的链条，作为其中精致的一环，我们若否认了自身的重要，就是推卸了一种神圣的承诺。

回溯我们诞生的过程，两组生命基因的嵌合，更是充满了人所不能把握的偶然性。我们每一个个体，都是机遇的产物。

常常遥想，如果是另一个男人和另一个女人结合，就绝不会有今天的我……

即使是这一个男人和这一个女人，如果换了一个时辰相爱，也不会有此刻的我……

即使是这一个男人和这一个女人在这一个时辰，由于一片小小落叶或是

---

① 毕淑敏：《我很重要》，长春：时代文艺出版社，2005 年。

清脆鸟啼的打搅，依然可能不会有如此的我……

一种令人怅然以至走入恐惧的想象，像雾霭一般不可避免地缓缓升起，模糊了我们的来路和去处，令人不得不断然打住思绪。

我们的生命，端坐于概率垒就的金字塔的顶端。面对大自然的鬼斧神工，我们还有权利和资格说"我不重要"吗？

对于我们的父母，我们永远是不可重复的孤本。无论他们有多少儿女，我们都是独特的一个。

假如我不存在了，他们就空留一份慈爱，在风中蛛丝般无助地飘荡。

假如我生了病，他们的心就会皱缩成石块，无数次向上苍祈祷我的康复，甚至愿灾痛以十倍的烈度降临于他们自身，以换取我的平安。

我的每一滴成功，都如同经过放大镜，进入他们的瞳孔，摄入他们的心底。

假如我们先他们而去，他们的白发会从日出垂到日暮，他们的泪水会使太平洋为之涨潮。

面对这无法承载的亲情，我们还敢说"我不重要"吗？

我们的记忆，与自己的伴侣紧密地缠绕在一处，犹如两种混淆于一碟的颜色，已无法分开。你原先是黄，我原先是蓝，我们共同的颜色是绿，绿得生机勃勃，绿得苍翠欲滴。失去了妻子的男人，胸口就缺少了生死攸关的肋骨，心房裸露着，随着每一阵轻风滴血。失去了丈夫的女人，就是齐斩斩折断的琴弦，每一根都在雨夜长久地自鸣……

面对相濡以沫的伴侣，我们忍心说"我不重要"吗？

俯对我们的孩童，我们是至高至尊的唯一。我们是他们最初的宇宙，我们是深不可测的海洋。假如我们隐去，孩子就永失淳厚无双的血缘之爱，天倾西北，地陷东南，万劫不复。盘子破裂可以粘起，童年碎了却永不复原。伤口流血了，没有母亲的手为他包扎。面临抉择，没有父亲的智慧为他谋略……面对后代，我们有胆量说"我不重要"吗？

与朋友相处，多年的相知，使我们仅凭一个微蹙的眉尖、一次睫毛的抖动，就可以明了对方的心情，假如我不在了，就像计算机丢失了一份不曾复制的文件，他的记忆库里留下不可填补的黑洞。夜深人静时，手指在揿了几个电话键码后，骤然停住，那一串数字再也用不着默诵了。逢年过节时，她写下一沓沓的贺卡。轮到我的地址时，她闭上眼睛……许久之后，她将一张没有地址只有姓名的贺卡填好，在无人的风口将它焚化。

相交多年的密友，就如同沙漠中的古陶，摔碎一件就少一件，再也找不到一模一样的成品。面对这般友情，我们还好意思说"我不重要"吗？

我很重要。

我对于我的工作我的事业，是不可或缺的主宰。我独出心裁的创意，像鸽群一般在天空翱翔，只有我才捉得住它们的羽毛。我的设想像珍珠一般散落在海滩上，等待着我把它们用金线串起。我的意志向前延伸，直到地平线消失的远方……

没有人能替代我，就像我不能替代别人。我很重要。

我对自己小声说。我还不习惯嘹亮地宣布这一主张，我们在"不重要"中生活得太久了。

我很重要。

我重复了一遍。声音放大了一点。我听到自己的心脏在这种呼唤中猛烈地跳动。

我很重要。

我终于大声地对世界这样宣布。片刻之后，我听到山岳和江海传来回声。

是的，我很重要。我们每一个人都应该有勇气这样说。我们的地位可能很卑微，我们的身份可能很渺小，但这丝毫不意味着我们不重要。

重要并不是伟大的同义词，它是心灵对生命的允诺。

对于一株新生的树苗，每一片叶子都很重要，对于一个孕育中的胚胎，每一段染色体碎片都很重要。甚至驰骋寰宇的航天飞机，也可以因为一个油封橡皮圈的疏漏而凌空爆炸，你能说它不重要吗？

人们常常从成就事业的角度，断定我们是否重要。但我要说，只要我们在时刻努力着，为光明在奋斗着，我们就是无比重要地生活着。

让我们昂起头，对着我们这颗美丽的星球上无数的生灵，响亮地宣布——我很重要！

## 二、德国学校如何面对师生遇难

2015 年 3 月 24 日，一架德国飞机在飞往西班牙的途中，于法国上空坠毁。机上 150 人全部遇难。据报道，遇难者当中，有 16 名中学生和两位老师。这些师生皆来自德国小城哈尔滕。哈尔滕市长第一时间说："这是我们城历史上最黑暗的一天。"

孩子们所在的学校约瑟夫·科尼西中学，又是如何应对这一灾难与噩耗的呢？

一是这所中学周二停课一天，学校周围摆满了鲜花和蜡烛以表达悲痛之情。学校的一张乒乓球桌上也摆满了哀悼的蜡烛，还有100多人聚集在中学前，不少中学生拥抱痛哭。让学生在身边的灾难中体味悲痛，寄托哀思，表达思念，这既是活生生的生命教育，也是生命教育最本质和内在的形式。

二是学校周三重新开放时并没有安排上课，而是让大家通过各种方式处理和平复自己哀伤的情绪。给哀伤的情绪一段时间弥合，而不是急于恢复正常，这既是人之常情，也是人的心理必要的适应期，可以说符合人的情感需要，也符合青少年心理规律。

三是该镇还有另外一队学生本来也要搭乘这架飞机，但因为其他原因未乘而幸免于难。对此，来自汉堡的15岁中学生克拉拉说，发生事故之后，"我首先想到的是，遇难的也有可能是我们"。这位15岁的学生所代表的这些侥幸者发出的感慨，超脱于个人生死之外，所思考的视野不狭窄，既感同身受，又让人刻骨铭心。

我们有一个习惯，那就是在国际飞机失事、轮船倾覆等灾难发生后，首先要看是否有中国人。这个习惯可以理解，但是，过度强调本国人也未免显得心胸和思考过于狭窄。尽管国情不同，人种不同，社会制度也不同，但是爱人、爱己、爱生命的情感应该是共通的，这些情感的凝练、提升，辐射和浸润都有助于使人更美好。从这个意义上说，德国学校处理灾难的做法值得我们借鉴和思考。

**启示** 感悟与讨论

1. 你喜欢现在的生活吗？为什么？

2. 从小到大，你有没有好好珍惜和爱护自己的生命呢？你了解自己在父母心目中的重要性吗？

3. 德国学校面对师生遇难的做法，让你想到了什么？

4. 认真查一下词典，了解到底什么是敬畏生命和尊重生命，然后写一段读后感。

## 第三节　心和行美

共生是自然哲学和社会哲学的普遍原理，体现着自然发展、社会发展、人的发展乃至一切事物发展以及事物协同的法则，表达了和谐、协调、整合、共同发展的意义，包括人与自然、人与社会、人与他人、人与自己的共生发展。

从学校教育的意义上说，主要是作为学习与成长的主体的学生的人际协同，包括学生与教师、学生与父母、学生与学生、学生与自己的共生发展，而更重要的是学生自身的内在素质与品质的和谐共生。

### 一、排解学习压力的几种方法

食物疗法：几年前，墨西哥专家卢西拉·托里斯建议学生：在学习压力大时，可以适当咀嚼口香糖来缓解。咀嚼口香糖的动作使负责向大脑输送氧气的血红蛋白水平提高，从而增进大脑学习、储存和回忆信息的能力。此外，咀嚼口香糖时，人的心跳会加快，能量消耗增多，导致压力的激素分泌因此得到抑制。

音乐疗法：当感觉学习压力过大时，停下来，调节一下，打开播放器，一边闭目养神，一边听一些轻音乐。同时，可以结合"眼保健操"中的按摩手法，达到"一石二鸟"的功效。压力的缓解，是达到身心的相对放松，而其中，"心"放松是本源，也是最容易被忽视的。

体育锻炼：每天进行一定时间的体育锻炼，有利于压力的缓解。但有调查显示，现如今每天进行体育锻炼的中学生越来越少。排名第一的原因是"沉迷网络游戏等不健康的娱乐活动"（65.3%），其次是"学习的压力太大"（59.3%）。殊不知，"沉迷网络游戏"正是由于学习压力过大，而渴望在其他途径进行情绪的宣泄。除了体育锻炼，策划一场活动、学习一种乐器、听一场音乐会，都是释放压力的好方法。

总的来说，学会自我排解，不作过分苛求，积极面对打击，是中学生应该建立的悦纳自己的健康的人生态度。现阶段的中学生课业繁重，一个人同时面对多件事情时，容易形成巨大的压力。如果能学会有计划、有步骤地安排自己的生活、学习，减少不必要的心理负担，集中精力做一件事，也可以很好地释放压力。

良好的心态是心理健康的重要标志，中学生有必要掌握一些平衡心理的方法，正确面对和缓解心理压力，有助于获得健康的心理和健康的人生。

## 二、一位中学校长眼中的"贵族"少年

不是每个孩子都出身显赫，但每个孩子都该像一个"贵族"一样成长，不是"贵"在物质，贵在排场，而是贵在精神，贵在心灵。

（1）孩子，你一定要学会做饭。这与伺候人无关。在爱你的人都不在身边的时候，使你能善待自己。（能独立生存）

（2）孩子，你一定要学会开车。这与身份地位无关。这样在任何时候，你都可以拔腿去往任何你想去的地方，不求任何人。（自由）

（3）孩子，你一定要上大学，正规的大学。这与学历无关。人生中需要经历这几年，无拘无束又能染上书香的生活。（一旦走进社会，就进入了市场）

（4）孩子，你知道吗？足迹有多远，心就有多宽。心宽，你才会快乐。万一走不远，让书籍带你走。（拓宽自己的视野，借助知识的视野）

（5）如果世界上仅剩两碗水，一碗用来喝，一碗要用来洗干净你的脸和内衣裤。（自尊与贫富无关）

（6）天塌下来都不要哭，也不要抱怨。那样只能让爱你的人更心痛，恨你的人更得意。（平静地承受命运，爱你的人自会关心）

（7）就算吃酱油拌饭，也要铺上干净的餐巾，优雅地坐着。把简陋的生活过得很讲究。（风度与境遇无关）

（8）去远方的时候，除了相机，记得带上纸笔。风景是相同的，看风景的心情永不重复。（徐霞客之所以是徐霞客，不是因为走的路最多）

（9）一定要有属于自己的空间，哪怕只有 5 平方米。它可以让你在和爱你或你爱的人吵架、赌气出走的时候，不至于流落街头，遇到坏人。更重要的是，在你浮躁的时候，有个地方让你静下来，给自己的心一个安放的角落。（独立人格）

（10）小孩的时候要有见识，长大的时候要有经历，你才会有个精致的人生！（读别人的经历，找自己的经历）

（11）无论什么时候，都要做一个善良的人。请记住，拥有善良，会让你成为最受上天眷顾的人。（这种眷顾未必是财富与权势。善有善报，所报者，爱也）

**启示** 感悟与讨论

1. 分享一个你日常缓解压力的方法。

2. 你是一个内向性格还是外向性格的人呢？为什么？

3. 在成长过程中，我们应该如何对待自己的优点和缺点？

4. 关于《一位中学校长眼中的"贵族"少年》提到的要求，目前你做到了哪几项？

**群文** 文献与博览

阅读本章后，请你找相关文献，博览群文，寻找相同主题和内容的文章或资料，以拓展你的知识和开阔你的视野。

**创感** 联想与创作

读完本章你有何联想和创感？有没有创作的冲动？如果有，请你做一名创客，用你喜欢的作品形式，展示你的创感和创意。

# 日本式共同体①

2016 年年初，在日本最引人关注的新闻，是恐怖组织"伊斯兰国"绑架两名日本人质事件。据说"伊斯兰国"组织此举是为报复安倍在访问中东时，承诺将提供给中东的 25 亿美元（约 3 000 亿日元）援助。"伊斯兰国"为此向日本政府索取 2 亿美元的赎金。

过了几天，通过一段网络视频显示，日本人质之一汤川遥菜似乎已经被"伊斯兰国"组织撕票了。为此，汤川的父亲一时之间成为日本各大媒体关注的焦点。听说儿子已经不幸遇害，74 岁的汤川父亲，面对采访记者不是急于表达悲愤，而是首先向日本社会道歉：

"这次事件，真是给大家添麻烦了，非常对不起！以政府为首的所有同胞也非常尽力，从心里深表感谢。"

汤川父亲的道歉，被翻译成中文转发到了微博和微信，令国人大为诧异：

"多恐怖的民族！不怀念自己的孩子，反而向社会道歉！"

"这种精神境界一般中国人理解不了，惭愧啊！"

"日本这种群体主义真是很可怕！"

晚餐的时候，我和我家 13 岁的小朋友讨论此事，问她对于汤川父亲道歉一事的看法，这位出生成长在日本的孩子回答说：

"有常识的人，都会道歉的——汤川是大人，而且他的行动是一种纯个人的行为。但他因为自己的个人行为，而让整个日本担惊受怕，的确是给社会添了麻烦啊。"

"有常识的人，都会道歉的"——小朋友说出这句话时，就如同在说"有常识的人，都会排队的"这个道理一样自然。而"日本式常识"也的确如此。因此，在日本的公共场所，你总是能看到正在勤勤恳恳排队的日本人，或是看到正在点头哈腰道歉的日本人。甚至可以毫不夸张地说：日本人的一天，

---

① 唐辛子：《为什么日本人热衷于道歉》，腾讯大家，http://dajia.qq.com/。

就是在各种道歉与被道歉中度过的。

早晨出门遇到邻居大伯，在"早上好"的问候语之后，接下来一句便是"对不起"——因为急着要去赶电车，没时间和邻居大伯多聊，所以很抱歉地说"对不起"。

到了车站，一直准时的电车，因故比平时晚了 3 分钟，于是车站广播反复道歉："下一趟电车比预定时间晚点 3 分钟，为此给各位乘客带来巨大困扰，真是非常对不起。"

乘上电车之后，因为拥挤不小心踩到别人的脚，于是踩的人和被踩的人，都同时说"对不起"。踩的人说"对不起"，意思很明白：对不起，我踩到你了！而被踩的人也说"对不起"，意思则是：对不起，是我挡着你的道了……

看过《菊与刀》这本书的人，很可能会从日本人的爱道歉，联想到日本人的"耻文化"。但在我看来，日本人热衷于道歉，并不完全取决于日本人对于事物的羞耻感，而更多的是一种日本式的处世哲学。它与伟大的精神和高尚的道德也无很大关系，仅仅只是日本人的自我保护意识所带来的必然结果。

日本社会属于"纵向社会"结构，强调"内"与"外"，强调"场"，是一种以"家"为原型的社会构造。人与人之间的关系，是一种"共同体"关系。什么是"共同体"呢？借用日本小学二年级的国语课文来做个说明：

该教材有篇课文叫《小黑鱼》，是绘本名家李欧·李奥尼的童话作品，说的是一条住在海里的叫 Swimmy 的小黑鱼，因为很弱小，所以小黑鱼家族里的许多小鱼，都被大鱼给吃掉了。只剩下小黑鱼一个留在黑暗的海底，后来，小黑鱼终于找到了许多同为小鱼的同伴，为了不再被大鱼吃掉，小鱼们想了个办法：它们有规则地排列起来，拼成一条大鱼的形状，行动一致地一齐游动——这些小鱼再也不怕大鱼了，因为它们团结在一起，成了海底里最大的"一条鱼"。

这条海底里最大的"鱼"，便是日本式的"共同体"。每个人都是这种"共同体"的一员，在这样的"共同体"里，大家理所当然地应该遵循约定俗成的某些公共秩序或某些不成文的行为准则。若有某个不识好歹的家伙，想破坏这种秩序，又或者想偏离行为准则，比如说想一个人游得快一点游得冒尖一点，又或者想不合作地逆向而游，都是不受欢迎的。

而且，在这样的"共同体"中，每个人所取得的成绩，都会被认为源于大家一起齐心协力，因此人人必须懂得心怀感恩。同样地，在这样的"共同体"里，一个人犯了罪，或犯了什么过失，也自然会影响到别人，会拖全体人的后腿，所以也必须要懂得及时道歉谢罪，获得"共同体"中其他伙伴的谅解。否则，你就只能孤独无助地陷入恐怖而黑暗的海底。

所以，在这种纵向结构的社会共同体中，"自律"便成为能够获得和谐生活权的关键词。同时，除了自律性的自我管理，还要懂得顾及他人的情绪或情感、懂得感谢、懂得不给他人添麻烦，懂得犯了过失或给他人添了麻烦时，要即时谢罪道歉——这些都是"共同体"社会不可缺少的处世哲学，也就是前面所言及的"日本式常识"。

文章开头所提及的汤川遥菜，最初被"伊斯兰国"作为人质要挟日本政府支付 2 亿美元赎金时，日本网络上有不少人对汤川遥菜是有怨言的，有些日本网民们认为：汤川遥菜为了自己赚钱发财，跑去那么危险的地方，自己都不对自己的生命负责，却要求日本政府对他的生命负责，拿着全体国民的税金，去赎回连他自己都不珍惜的生命，真是个"给人添麻烦"的家伙。

# 程浩：我厉害在哪儿①

程浩，1993年生，微博账号"伯爵在城堡"，于2013年8月去世。程浩因在知乎上针对"你觉得自己牛逼在哪儿？为什么会这样觉得？"问题的发言，获得了三万多个点赞，并被网友作为正能量广泛传播。

程浩去世后，母亲给他整理的文字中，有一部十多万字的日记。日记写于2009年一次濒临死亡的状况后，记录了程浩十六岁到二十岁的生命光影。日记中少有鸡毛蒜皮的人生琐事，多为对生命、对人世的反省与思考，记录了无数让他内心激荡的段落和时光。其中有少年维特般的烦恼，有对人性的感慨，有对命运的嘲讽，有对自己严苛的鞭策……他在几年间，迅速成长成熟。因此出版社将其结集在《程浩日记》一书中，希望呈上一个完整的生命印迹。

以下是他在知乎获得支持最多的发言——

我自1993年出生后便没有下地走过路，医生曾断定我活不过五岁。然而就在几分钟前，我还在用淘宝给自己挑选二十岁的生日礼物。

在同龄人还在幼儿园的时候，我已经去过北京、天津、上海等大城市的医院。在同龄人还在玩跷跷板、跳皮筋的时候，我正在体验着价值百万的医疗仪器在我身上四处游走。

我吃过猪都不吃的药，扎过带电流的针，练过神乎其神的气功，甚至还住过全是弃儿的孤儿院。那孤独的日子，身边全是智力障碍的儿童。最寂寞的时候，我只能在楼道里一个人唱歌……

二十年间，我母亲不知道收到过多少张医生下给我的病危通知单。厚厚一沓纸，她用一根十厘米长的钉子钉在墙上，说这很有纪念意义。

小时候，我忍受着身体的痛苦。长大后，我体会过内心的煎熬。有时候，我也忍不住想问："为什么上帝要选择我来承受这一切呢？"可是没有人能够给予我一个回答。我只能说，不幸和幸运一样，都需要有人去承担。

命运嘛，休论公道！

近些年，我的健康状况日益下降，住院的名目也日益增多，什么心脏衰

① 程浩：《生命的单行道：程浩日记》，桂林：广西师范大学出版社，2013年。

竭、肾结石、肾积水、胆囊炎、肺炎、支气管炎、肺部感染等。我曾经想过，将来把自己的全部器官，或捐献给更需要它的人，或用于医学研究。可是照目前来看，除了我的眼角膜和大脑之外，能够帮助正常人健康工作的器官，真的非常有限。

我最遗憾的事情是没有上过学，当然，遗憾的原因不是什么"自强不息"的理由，而是遗憾不能像正常人一样交朋友，认识漂亮姑娘，谈一场简单的恋爱。但是就像狂人尼采说的："凡不能毁灭我的，必使我强大。"正是因为没有上学，我才能有更多的空闲时间用来读书。让我自豪的是，我曾经保持过一天十万字的阅读量。虽然我不知道自己为什么要读书，但是，我觉得这是认真生活的表达方式。

我不是张海迪女士那样的励志典型，也不是史铁生老师那样的文学大家，我只是一个普通的"职业病人"。但是我想说，真正牛逼的，不是那些可以随口拿来夸耀的事迹，而是那些在困境中依然保持微笑的凡人。

**延伸阅读：**

威尔·施瓦尔贝著，姜莹莹译：《生命最后的读书会》，北京：中国友谊出版公司，2013 年。

# 刘墉：孩子不要哭[①]

今天是奶奶的祭日。

所以爸爸一早就把大厅桌子上的东西挪开，先摆两瓶鲜花，再将奶奶的照片放在中间。然后公公、婆婆、爸爸、妈妈和你，一起在前面鞠了三个躬。

奶奶去世已经三年了，就在三年前的今天傍晚，93 岁的奶奶，永永远远地离开了我们。

中国人管先人的生日叫"冥诞"，称先人逝去的那一天为"祭日"。爸爸觉得祭日比冥诞来得重要，因为奶奶生的那一天，我还没来到这个世界；奶奶死的那一天，我和你妈妈都到了床前。

同样的 2 月，同样的 18 号，也就有着同样冬天的寒冷和短短的日照，连公路上萧疏的景象都跟三年前一样。所以祭日更能使我们回想当时的情景，回到当年的伤心。

对的！回到当年的伤心。有时候，我们要忘掉不好的往事，有时候却要重温心碎的一刻。

就在不久之前，我收到一个马来西亚高中女生的来信，她的妈妈死了，弟弟只有六岁，你知道她要弟弟做什么事吗？她叫弟弟擦干眼泪，用笔写下当时的心情。

"我要弟弟写封信给妈妈，把心里想要对妈妈说的话写下来。我希望趁他对妈妈还有记忆时写下来，以后大了可以看，把妈妈永远留在心中……"那位女生在给我的信里这么说。

我一边看她的信，一边掉眼泪，立刻回信给她，说才失去母亲不久的我，可以感受她的伤恸，更惊讶以她那么小的年龄，居然会想到要弟弟记下心情的方法。

所以，"祭日"也是"记日"，是让我们加深对死者记忆的日子。随着岁月流逝，当我们对死者的印象逐渐淡忘的时候，如果能利用每个祭日想一想，那记忆就能停留得更长久。

亲爱的女儿！当你走过奶奶照片的时候，就驻足看看奶奶吧！那是奶奶到华府旅行时，在国会大厦台阶上拍摄的。当时她 88 岁了，还很能走，你

---

① 刘墉：《少爷小姐要争气》，北京：北京联合出版公司，2012 年。

瞧，她笑得多开心。

也利用这一天，在你的脑海里找奶奶的影子吧！跟那位马来西亚小男孩一样，奶奶死时，你还太小，只怕以后记忆会愈来愈模糊，所以应该趁着奶奶去世才三年，想办法加深对奶奶的印象。

想想奶奶怎么疼你；想想奶奶每天一大早，怎么和婆婆一起把你的小床推到她房间，照顾你；想想你到医院看奶奶，奶奶临终张开眼，看看你的那一刻。也想想，你那天，才坐进车子就痛哭失声。

当然，我不是要你再去哭。落泪的日子已经过去，我们已经从丧亲的悲痛中走出来。就好比我们卷起袖子，看以前受伤的疤痕。那疤痕不再痛，但能使我们回想到受伤的一刻，也在心里告诫自己，下次要小心了。

亲爱的小丫头，你知道要告诫自己的是什么吗？

是当你留不住奶奶，悲伤奶奶逝世的时候，要想想还有公公婆婆在眼前，甚至想想有父母在身边，而好好把握机会，多跟我们聚聚。

唯恐以后散了，今天就多聚聚吧！

对远行的亲人挥完手，就回身搂搂身边的亲人吧！

这才是在奶奶祭日，你真正应该学习的啊！


**延伸阅读：**

熊顿：《滚蛋吧！肿瘤君》，北京：北京理工大学出版社，2012 年。

# 目　送①

华安上小学第一天，我和他手牵着手，穿过好几条街，到维多利亚小学。九月初，家家户户院子里的苹果和梨树都缀满了拳头大小的果子，枝丫因为负重而沉沉下垂，越出了树篱，钩到过路行人的头发。

很多很多的孩子，在操场上等候上课的第一声铃响。小小的手，圈在爸爸的、妈妈的手心里，怯怯的眼神，打量着周遭。他们是幼儿园的毕业生，但是他们还不知道一个定律：一件事情的结束，永远是另一件事情的开启。

铃声一响，顿时人影错杂，奔往不同方向，但是在那么多穿梭纷乱的人群里，我无比清楚地看着自己孩子的背影——就好像在一百个婴儿同时哭声大作时，你仍旧能够准确听出自己那一个的位置。华安背着一个五颜六色的书包往前走，但是他不断地回头；好像穿越一条无边无际的时空长河，他的视线和我凝望的眼光隔空交会。

我看着他瘦小的背影消失在门里。

十六岁，他到美国做交换生一年。我送他到机场。告别时，照例拥抱，我的头只能贴到他的胸口，好像抱住了长颈鹿的脚。他很明显地在勉强忍受母亲的深情。

他在长长的行列里，等候护照检验；我就站在外面，用眼睛跟着他的背影一寸一寸往前挪。终于轮到他，在海关窗口停留片刻，然后拿回护照，闪入一扇门，倏忽不见。

我一直在等候，等候他消失前的回头一瞥。但是他没有，一次都没有。

现在他二十一岁，上的大学，正好是我教课的大学。但即使是同路，他也不愿搭我的车。即使同车，他戴上耳机——只有一个人能听的音乐，是一扇紧闭的门。有时他在对街等候公交车，我从高楼的窗口往下看：一个高高瘦瘦的青年，眼睛望向灰色的海；我只能想象，他的内在世界和我的一样波涛深邃，但是，我进不去。一会儿公交车来了，挡住了他的身影。车子开走，一条空荡荡的街，只立着一只邮筒。

我慢慢地、慢慢地了解到，所谓父女母子一场，只不过意味着，你和他的缘分就是今生今世不断地在目送他的背影渐行渐远。你站立在小路的这一

---

① 龙应台：《目送》，北京：生活·读书·新知三联书店，2009 年。

端，看着他逐渐消失在小路转弯的地方，而且，他用背影默默告诉你：不必追。

我慢慢地、慢慢地意识到，我的落寞，仿佛和另一个背影有关。

博士学位读完之后，我回台湾教书。到大学报到第一天，父亲用他那辆运送饲料的廉价小货车长途送我。到了我才发觉，他没开到大学正门口，而是停在侧门的窄巷边。卸下行李之后，他爬回车内，准备回去，明明启动了引擎，却又摇下车窗，头伸出来说："女儿，爸爸觉得很对不起你，这种车子实在不是送大学教授的车子。"

我看着他的小货车小心地倒车，然后"噗噗"驶出巷口，留下一团黑烟。直到车子转弯看不见了，我还站在那里，一口皮箱旁。

每个礼拜到医院去看他，是十几年后的时光了。推着他的轮椅散步，他的头低垂到胸口。有一次，发现排泄物淋满了他的裤腿，我蹲下来用自己的手帕帮他擦拭，裙子也沾上了粪便；但是我必须就这样赶回台北上班。护士接过他的轮椅，我拎起皮包，看着轮椅的背影，在自动玻璃门前稍停，然后没入门后。

我总是在暮色沉沉中奔向机场。

火葬场的炉门前，棺木是一只巨大而沉重的抽屉，缓缓往前滑行。没有想到可以站得那么近，距离炉门也不过五米。雨丝被风吹斜，飘进长廊内。我掠开雨湿了前额的头发，深深、深深地凝望，希望记得这最后一次的目送。

我慢慢地、慢慢地了解到，所谓父女母子一场，只不过意味着，你和他的缘分就是今生今世不断地在目送他的背影渐行渐远。你站立在小路的这一端，看着他逐渐消失在小路转弯的地方，而且，他用背影默默告诉你：不必追。


**延伸阅读：**

龙应台、安德烈：《亲爱的安德烈》，北京：人民文学出版社，2008 年。

共生哲学读本
GONGSHENG ZHEXUE DUBEN

# 周国平：养成写日记的习惯①

不论在什么场合，只要是面对着青年学生，我经常提的一个建议就是：养成写日记的习惯。中学是人生的一个关键时期，许多好习惯和坏习惯都是在这个时期养成的。有两种好习惯，一旦养成了，就终身受益。我只说一说写日记的好处。

第一，日记是岁月的保险柜。每个人都只拥有一次人生，而人生是由每天、每年、每个阶段活生生的经历组成。如果你热爱人生，就一定会无比珍惜自己的经历，珍惜其中的欢乐和痛苦、心情和感受，因为它们是你真正拥有的东西。令人遗憾的是，这一切不可避免地会随着时间的流逝而失去。为了留住它们，人们想出了种种办法，例如用摄影和录像保存生活中的若干场景。但我认为写日记是更好的办法，与图像相比，文字的容量要大得多。通过写日记，我们仿佛把逝去的一个个日子放进了保险柜，有一天打开这个保险柜，这些日子便会重现在眼前。记忆是不可靠的，对于一个不写日记的人来说，除了某些印象特别深刻的经历外，多数往事会渐渐模糊，甚至永远沉入遗忘的深渊。相反，如果有日记作为依凭，即使许多年前的细节，也比较容易在记忆中唤醒。在这个意义上，日记使人拥有了一个更丰富的人生。

第二，日记是灵魂的密室。人活在世上，不但要过外部生活，比如上学，和同学交往，而且要过内心生活。内心生活并不神秘，它实际上就是一个人与自己进行交谈。你读到了一本使你感动的书，你看到了一片使你陶醉的风景，你见到了一个使你心仪的人，你遇到了一件使你高兴或伤心的事……在这些时候，你心中也许有一些不愿或者不能对别人说的感受，就用笔对自己说。这样做的时候，你是在写日记，同时也就是在过内心生活了。有的人只习惯于与别人共处，和别人说话，对自己却无话可说，一旦独处就难受得要命，这样的人终究是肤浅的。人必须学会倾听自己的心声，自己与自己交流，这样才能逐渐形成一个较有深度的内心世界，而写日记正是达到这一目的的有效手段。

第三，日记是忠实的朋友。人不能没有朋友，真正的友谊使我们在困难时得到帮助，在痛苦时得到慰藉，在一切时候得到温暖和鼓舞。不过，在所

---

① 周国平：《成为你自己》，南昌：二十一世纪出版社，2010 年。

有的朋友之外，每个人还可以拥有一个特殊的朋友，那就是日记。在某种意义上，日记是你最忠实的朋友，没有人——包括你最亲密的朋友——是你的专职朋友，唯有日记可以。别的朋友总有忙于自己的事情而不能关心你的时候，而日记却随时听从你的召唤，永远不会拒绝倾听你的诉说。一个人养成了写日记的习惯，他仍会有寂寞的时光，但不会无法忍受，因为有日记陪伴他。在隐私权受到法律保护的社会里，日记的忠实还表现在它不会背叛你，无论你对它说了什么，它都只是珍藏在心里，决不违背你的意愿向外张扬。

第四，日记是作家的摇篮。要成为一个够格的作家，基本条件是有真情实感，并且善于用恰当的语言把真情实感表达出来。在这方面，写日记是最好的训练，因为日记是写给自己看的，一个人总不会把空洞虚假的东西献给自己。对于提高写作能力来说，日记有作文不可代替的作用。作文所起的作用在很大程度上取决于教师的水平，如果教师水平低，指导失当，甚至会起坏作用。与写作文不同，在写日记时，你是自由的，可以只写自己感兴趣的东西，不用为你不感兴趣的题目绞尽脑汁。你还可以只按照自己满意的方式写，不用考虑是否合乎某个老师的要求或某种固定的规范。按照自己满意的方式写自己感兴趣的题材，这正是文学创作的主要特征，所以写日记是比写作文更接近于创作的。事实上，许多优秀作家的创作就是从写日记开始的，而且，如果他们想继续优秀，就必须始终保持写日记时的那种自由心态。

我说了这么多写日记的好处，那么，是不是一个人只要随便怎样写一点日记，就能得到这些好处呢？当然不是。依我看，要得到这些好处，必须遵守三个条件。一是坚持，尤其开始时每天都写，来不及就第二天补写，绝不偷懒，绝不姑息自己，这样才能成为习惯。二是认真，对触动了自己的事情和心情要仔细写，努力寻找确切的表达，绝不马虎，绝不敷衍自己，这样写出的日记才具有我在上面列举的这些价值。三是私密，基本上不给人看，这样在写日记时才能排除他人眼光的干扰，坦然面对自己，句句都写真心话。

写到这里，我不得不对天下的老师和家长们进一忠告，因为要遵守这三个条件，必须有你们的理解和配合。你们一定要把日记和作文区别开来，语文老师当然可以布置学生写若干篇日记然后加以批改，但这样的日记实际上是作文，只不过其体裁是日记罢了。

我现在提倡学生写的是名副其实的日记，这意味着老师和家长都必须尊重其私密性，如果不是孩子自愿，任何人都不得查看。我不止一次听说这样的事情：有的孩子自发地写起私人日记来，家长和老师觉察后，便偷看或突击检查，一旦发现自以为不妥当的内容，就横加指责和羞辱。这是十足的愚蠢和野蛮，是对孩子正在生长的自由心灵和独立人格的摧残。应该把孩子的私人日记看作属于他们的一块不容侵犯的圣地，甚至克制我们的好奇心，鼓励孩子不给我们看。

孩子的心灵隐私越是受到尊重，他们就越容易培养起真诚、自信、独立思考等品质，他们在精神上就越能够健康地成长。不必担心因此会互相隔膜，实际上，唯有在平等和尊重的氛围中，家长和孩子之间才可能产生实质性的交流。

**延伸阅读：**

王小波：《思维的乐趣》，北京：中国人民大学出版社，2005 年。